国家社会科学基金项目“顾客跨渠道行为驱动的新零售商业模式与渠道管理研究”
（项目编号：17BGL197）成果

新零售模式中
顾客跨渠道行为、网络口碑
与渠道管理研究

陈远高 ◎ 著

Customer Cross-Channel Behavior, Electronic Word-of-Mouth and Channel Management in New Retail

中国财经出版传媒集团
经济科学出版社
Economic Science Press

图书在版编目（CIP）数据

新零售模式中顾客跨渠道行为、网络口碑与渠道管理研究／陈远高著．—北京：经济科学出版社，2021.6
ISBN 978－7－5218－2604－3

Ⅰ.①新…　Ⅱ.①陈…　Ⅲ.①零售业－商业模式－研究　Ⅳ.①F713.32

中国版本图书馆 CIP 数据核字（2021）第 113648 号

责任编辑：张　燕
责任校对：王肖楠
责任印制：王世伟

新零售模式中顾客跨渠道行为、网络口碑与渠道管理研究
陈远高　著
经济科学出版社出版、发行　新华书店经销
社址：北京市海淀区阜成路甲 28 号　邮编：100142
总编部电话：010－88191217　发行部电话：010－88191522
网址：www.esp.com.cn
电子邮箱：esp@esp.com.cn
天猫网店：经济科学出版社旗舰店
网址：http：//jjkxcbs.tmall.com
北京季蜂印刷有限公司印装
710×1000　16 开　12 印张　200000 字
2021 年 9 月第 1 版　2021 年 9 月第 1 次印刷
ISBN 978－7－5218－2604－3　定价：68.00 元
（图书出现印装问题，本社负责调换。电话：010－88191510）

前　言

经历了极不平凡的2020年，2021年的春天在乍暖还寒中姗姗而来。过去的一年中，在面对突如其来的新冠肺炎疫情、世界经济深度衰退等多重严重冲击下，中国在疫情防控方面取得了举世瞩目的成就。同时，在全球主要经济体中，中国是唯一实现经济正增长的国家，全年GDP增长达到2.3%。

疫情之下，零售业面临着重要考验。全民防疫使社会消费需求大幅度降低，据国家统计局数据显示，2020年第一季度GDP同比下降6.8%，其中，社会消费品零售总额同比下降达19%。疫情的暴发，对于聚焦线下的购物中心、超市等零售商来说，无疑是沉重的打击。众多线下门店纷纷进入歇业，或是极大缩短了营业时间。同时，疫情也改变了消费者购买行为，大量线下消费转向线上购买，生鲜电商订单大爆发，大型超市纷纷布局线上配送到家业务，机器人配送、无接触配送等创新手段得以应用。零售业在疫情之下顺势谋变，焕发生机。2020年第二季度，服务业增加值就实现了同比上升，在一定程度上抵消了线下服务缩减的影响。

在疫情防控常态化背景下，传统零售业的转型升级以及新零售的创新再出发，将成为零售业态发展和商业模式迭代的必然规律。线上线下渠道的进一步融合发展，线下场景的智慧化升级以及零售供应链管理能力的落地强化等要素将成为新零售企业的核心竞争力。因此，本书选择了新零售模式中三个典型的主题，即消费者跨渠道行为、网络口碑以及渠道管理。本书选择这三个主题主要基于以下理由。

首先，新零售消费者有着充分的自由来选择不同的交易和服务渠道，甚至可以在零售流程的前半部分选择某一渠道，在流程的后半部分跳转到其他渠道。消费者的跨渠道行为是为了随时随地利用不同渠道的优势，即线下渠道的体验便利和线上渠道的信息便利。跨渠道成为新零售模式的常态，研究消费者的跨渠道行为是开启新零售模式密码的第一把钥匙。

其次，在新零售模式中，消费者购买决策极大地受到社会化商务平台上网络口碑信息的影响。已购买用户通过平台提供的评论和评分功能对产品或服务进行评价，生成的在线评论信息通过社交网络的平台效应在消费体验传播和价值传递中发挥了巨大的影响作用。可以说，网络口碑已经成为新零售模式中零售商家和品牌成败的关键。厘清网络口碑特征对于潜在消费者的影响，提升零售商的网络口碑管理策略，已经成为新零售企业竞争能力的核心。

最后，在新零售模式中，不同渠道的数据、业务、消费者体验和服务的无缝融合是新零售成败的关键。应用新兴数字技术，整合线上线下渠道的信息流、资金流和物流，在后端，全面打通制造、零售和服务等供应链环节，实现消费者体验的一致性；在前端，建设覆盖全部渠道、全部终端的一体化消费者接触平台，通过智能系统来采集用户数据、开展用户画像、设计精准服务，从而提升客户满意度和忠诚度。可见，渠道管理策略是新零售商业模式中"人""货""场"三要素真正落地的关键所在。

围绕这三个主题，本书的研究内容具体包括了新零售商业模式的变革和企业实践，零售渠道的研究演进过程分析，顾客跨渠道选择与模糊决策分析方法，顾客跨渠道自提服务的影响要素与服务策略，顾客特征对在线评论有用性的影响作用，线上线下跨渠道评论行为对评论有用性的影响，管理者在线回复对评论有用性的影响及在线回复策略分析，以及新零售供应链中口碑影响效应与渠道服务合作等关键问题。

本书得到了国家社会科学基金项目"顾客跨渠道行为驱动的新零售商业模式与渠道管理研究"（17BGL197）的资助。本书的出版也得到了浙江省"万人计划"青年拔尖人才项目"新零售环境下消费者跨渠道行为与供应链决策优化"的资助。感谢浙江财经大学信息管理与人工智能学院社会化商务与商务智能研究团队各位老师以及研究生们的共同努力，感谢他们在本书成稿过程中给予的诸多帮助与建议。团队学科背景交叉，创新活力满满，始终紧跟电子商务发展前沿，近三年（2018～2020年）主持国家社会科学基金、国家自然科学基金等国家级项目6项，在本领域重要的国际期刊如《信息处理与管理》(*Information Processing & Management*)、《人类行为计算》(*Computers in Human Behavior*)、《工业管理与数据系统》(*Industrial Management & Data Systems*)、《电子商务研究》(*Electronic Commerce Research*) 等上发表高水平 SCI/SSCI 论文 25 篇，其中 JCR 一区论文 14 篇。

本书在写作过程中参考了不少资料，已尽可能详细地在参考文献中列出，在此对这些专家学者表示深深的感谢。若有些资料在书中得以引用但因疏忽未能一一列出的，在此表示万分歉意。新零售是一个崭新的商业模式，也是一个崭新的研究领域，由于笔者学识所限，对这一问题的认识和研究还不够深入，本书中的不足之处恳请各位专家与读者不吝指教。

陈远高

2021 年春于学涯湖畔

目　录

第 1 章　绪论 …… 1

1.1　研究背景与意义 …… 1

1.2　研究内容 …… 3

1.3　研究创新 …… 6

第 2 章　新零售商业模式变革与企业实践 …… 7

2.1　新零售商业模式的变革 …… 7

2.2　新零售商业模式的企业实践 …… 10

2.3　本章小结 …… 12

第 3 章　零售渠道理论演进的过程与新零售渠道研究趋势 …… 14

3.1　研究数据与研究方法 …… 14

3.2　基于知识图谱方法的零售渠道研究文献回顾 …… 15

3.3　新零售模式中渠道研究的发展趋势 …… 32

第 4 章　新零售模式中消费者跨渠道选择行为研究 …… 35

4.1　引言 …… 35

4.2　相关文献综述 …… 36

4.3　模型构建与模糊决策过程 …… 40

4.4　图书新零售中的消费者渠道选择 …… 43

4.5　本章小结 …… 47

第 5 章　新零售模式中顾客快递自提服务使用意愿影响因素研究 …… 49

5.1　引言 …… 49

5.2　相关文献综述 …… 51

5.3　研究模型与假设 …… 53

5.4　研究设计 …… 59

5.5 数据分析和假设检验 …… 63
5.6 本章小结 …… 68
第6章 新零售模式中顾客特征对在线评论有用性的影响研究 …… 72
6.1 引言 …… 72
6.2 相关文献综述 …… 73
6.3 研究模型与假设 …… 76
6.4 研究方法 …… 78
6.5 数据分析和研究结果 …… 82
6.6 本章小结 …… 92
第7章 新零售模式中跨渠道评论行为对在线评论有用性的影响研究 …… 94
7.1 引言 …… 94
7.2 理论背景与研究现状 …… 96
7.3 研究模型与假设 …… 99
7.4 研究方法 …… 104
7.5 模型结果分析 …… 106
7.6 本章小结 …… 109
第8章 新零售模式中管理者在线回复对评论有用性的影响研究 …… 114
8.1 引言 …… 114
8.2 理论基础与研究假设 …… 116
8.3 研究方法 …… 120
8.4 数据分析与研究结果 …… 121
8.5 本章小结 …… 126
第9章 新零售供应链中的口碑影响效应与渠道服务合作研究 …… 128
9.1 引言 …… 128
9.2 相关文献综述 …… 131
9.3 研究模型 …… 134
9.4 供应链合作均衡与最优策略 …… 136
9.5 算例分析 …… 140
9.6 本章小结 …… 147
参考文献 …… 149
后记 …… 181

第1章 绪　论

1.1　研究背景与意义

“互联网 +”战略的全面推进和数字经济的蓬勃发展，引发了中国零售行业的转型升级和创新发展。据商务部统计数据显示，2019 年全国社会消费品零售总额达41.2 万亿元，较2019 年增长 8%。线上消费的增长显著快于线下消费，2019 年线上零售额达 10.63 万亿元，其中实物商品的在线零售额达 8.52 万亿元，增长 19.5%，占社会消费品零售总额的比重达到了 20.7%。①据中国互联网络信息中心 2020 年 4 月发布的《第 45 次中国互联网络发展状况统计报告》显示，截至 2020 年 3 月，我国网络购物用户规模达 7.10 亿，其中手机网络购物用户规模达到 7.07 亿，网络购物中移动商务的主导作用越加突出。从宏观经济层面来看，消费连续六年保持中国经济增长第一拉动力的重要地位，而网络消费在扩大内需、促进消费市场持续发展方面发挥了越来越重要的作用。

从中国零售行业来看，网络零售对传统零售的巨大冲击颠覆了传统零售行业的运营模式和竞争优势。“互联网 +”环境下的零售行业不仅仅是实体产品零售，数字产品在线购买、在线服务消费等新业态都属于广义的零售行业范畴，包括在线旅游预订、在线餐饮外卖、在线家政预约等。零售商业模

① 商务部：2019 年全年社会消费品零售总额 41.2 万亿元 增长 8% [N/OL]. 中国新闻网，http://www.chinanews.com/gn/2020/01-22/9066987.shtml.

式正在经历重大变革，传统渠道与新兴渠道的融合持续推进，创新的零售模式和新兴的零售与服务企业不断涌现。李克强总理在2016年《政府工作报告》① 中首次明确提出，“鼓励线上线下互动，推动实体商业创新转型”，在2019年《政府工作报告》② 中再次强调，“发展消费新业态新模式，促进线上线下消费融合发展，培育消费新增长点”，在2020年《政府工作报告》③ 中分两处提到，“电商网购、在线服务等新业态在抗疫中发挥了重要作用，要继续出台支持政策，全面推进‘互联网+’，打造数字经济新优势”以及“支持餐饮、商场、文化、旅游、家政等生活服务业恢复发展，推动线上线下融合”。从国家宏观政策来看，引导零售与服务行业深化人工智能、大数据等新兴信息技术的应用，加快传统产业改造升级，推动“互联网+”消费服务新业态发展，是当前国家实施扩大内需战略，推动经济发展方式加快转变的重要着力点。

2016年，阿里巴巴集团董事局主席马云在阿里云栖大会上首次提出“新零售”的概念，他认为纯粹的电子商务模式将会被线上线下渠道与现代物流有机融合的新零售模式所取代。阿里研究院提出，“新零售就是以消费者体验为中心的数据驱动的泛零售模式”④。这一模式的主要特点体现在线上线下渠道的一体化、消费行为的社会化、营销服务的个性化等方面。新零售的“新”是大数据、人工智能、物联网、新一代移动通信网络等数字经济基础设施完善升级后商业模式的更新升级，体现在对于传统零售模式的“颠覆变革”和“赋能重构”（狄蓉等，2020；韩彩珍和王宝义，2018）。新零售企业需要全方位、多层次、立体化感知消费需求，通过售前、售中、售后的全过程、个性化服务，不断提升消费者服务体验，全天候、全地域为消费者提供超出预期的商品和服务（闫星宇，2018）。

数字经济社会的现代零售已经从传统与网络渠道并行的多渠道零售模式、零售渠道多维整合的全渠道零售模式，演进到全渠道与物流、售后等服务体验深度融合的新零售模式。新零售企业通过线上线下全流程的集成实现渠道

---

① 2016年政府工作报告［R/OL］. 中国政府网，http：//www.gov.cn/guowuyuan/2016zfgzbg.htm.

② 2019年政府工作报告［R/OL］. 中国政府网，http：//www.gov.cn/guowuyuan/2019zfgzbg.htm.

③ 2020年政府工作报告［R/OL］. 中国政府网，http：//www.gov.cn/guowuyuan/zfgzbg.htm.

④ 阿里研究院. C时代 新零售——阿里研究院新零售研究报告［R］. 2017.

协同、通过消费者多元价值的整合实现服务体验叠加、通过大数据洞察和精准预测实现智能决策、通过新兴技术的转化应用实现技术赋能（焦志伦和刘秉镰，2019）。尤其是在全渠道、顾客体验、供应链等关键领域通过跨渠道流程的整合、社交平台电子口碑的驱动、供应链多元协同来推动用户场景化、产品场景化以及运营场景化的创新，从而实现“人、货、场”的重构与商业模式的变革（穆杰，2020；王宝义和邱兆林，2020）。例如，顾客首先在零售商网站搜索产品信息和在线评论信息，其次通过线下实体商店进行产品的体验和试用，最后才在线下商店进行购买；或者顾客通过在线购买后，再到线下实体店铺取货和获取售后服务，获得线下的服务体验后回到在线平台发表商品评论信息。

在这些新零售实践中，不同渠道的深度融合、顾客的跨渠道行为、网络口碑的巨大影响、企业的变革应对等新现象、新问题，迫切需要研究者将消费行为与供应链渠道理论进行拓展与创新，在“互联网+”情景下对顾客消费行为和零售渠道管理进行系统研究，在此基础上进一步诠释新零售企业的商业模式与管理策略，从而为新零售实践提供理论依据与决策参考。

1.2 研究内容

本书以信息系统与电子商务、营销渠道以及供应链理论为基础，结合新零售发展现状，综合运用文献计量、模糊决策、消费者行为实证、计量经济、文本挖掘以及运筹优化等方法，对新零售商业模式变革与实践、零售渠道知识图谱、新零售订单履行与消费者渠道选择、跨渠道物流配送与自助快递服务使用意愿、跨渠道用户评论行为以及跨渠道供应链服务合作等新零售运营中的关键问题进行了深入研究，并通过大量实证分析来检验相关理论与方法。

本书共分为九章，分别从消费者行为和管理者行为的不同视角来切入，系统分析了新零售商业模式中的理论基础、消费者跨渠道行为与网络口碑影响特征，以及新零售管理者在线服务策略与供应链合作决策等。主要研究内容、研究逻辑与方法如图1-1所示。

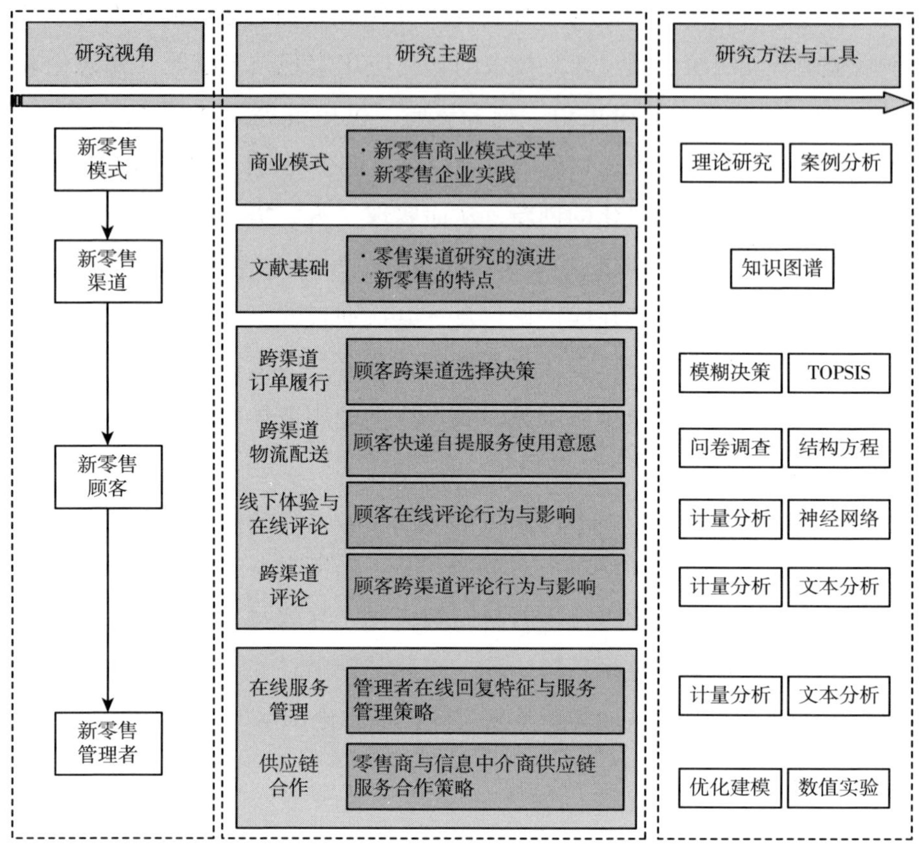

图 1-1 研究内容与逻辑关系

第 1 章绪论，主要阐述了本书的研究背景与意义，并总结了本书的主要研究内容与总体结构安排。

第 2 章新零售商业模式变革与企业实践。该部分总结了新零售技术变革驱动的商业模式创新，选择了从线上到线下和从线下到线上两种不同新零售变革模式的企业，结合实际案例分析了新零售商业模式的企业实践。

第 3 章零售渠道理论演进的过程与新零售渠道研究趋势。该部分应用知识图谱理论和 CiteSpace 软件，对 2010 ~ 2019 年近十年的中文 CSSCI 文献数据库和英文 SSCI 文献数据库中的渠道研究相关文献进行了文献计量与可视化分析，全面研究了零售渠道这一研究主题与研究热点的演变过程，分析了零售渠道研究的发展趋势，并系统总结了新零售模式的特点。

第4章新零售模式中消费者跨渠道选择行为研究。该部分系统总结了三种重要的渠道类型——网络渠道、线下渠道以及跨渠道，分析了影响消费者进行渠道选择决策的重要因素，通过建立模糊决策模型并应用了模糊 TOPSIS 方法来解决决策中的复杂主观判断问题，最后通过图书新零售这一典型案例预测了消费者渠道选择的可能结果。

第5章新零售模式中顾客快递自提服务使用意愿影响因素研究。该章基于资源配置理论、消费者合作生产理论以及技术准备理论，整合了情境因素、个人因素，并加入了社交因素，通过用户自提柜使用意愿的三因素模型的构建，研究了用户使用自提柜意愿的影响机制。最后通过调查问卷获取相关的实证数据，并通过结构方程进行了模型检验。

第6章新零售模式中顾客特征对在线评论有用性的影响研究。该章聚焦于新零售模式中消费者对于在线评论的关注，深入研究了评论者身份信息披露和专业知识展示两大属性对评论有用性的影响，并揭示了不同的评论者属性对评论有用性的影响权重。最后结合 Tobit 回归模型与人工神经网络方法，对 Tripadvisor 网站的实证数据进行了分析。

第7章新零售模式中跨渠道评论行为对在线评论有用性的影响研究。该章内容基于信号理论，提出了考虑评论相关信号、评论者相关信号以及信号环境（评论的不同渠道来源）等因素对评论有用性影响的研究模型，并通过苏宁公司的跨渠道评论数据进行了计量分析的实证检验。

第8章新零售模式中管理者在线回复对评论有用性的影响研究。该部分从新零售商家视角出发，考虑在线服务平台上管理者回复长度和回复及时性的因素，探讨了管理者回复对消费者在线社交评论有用性的影响，重点研究了管理者回复长度和回复及时性的调节作用。最后通过 Tripadvisor 网站数据实证检验了研究模型以及管理者回复的调节效应。

第9章新零售供应链中的口碑影响效应与渠道服务合作研究。该部分聚焦于新零售供应链中的网络口碑影响效应以及第三方信息中介商与零售商的服务合作决策。该章基于 Bass 新产品扩散模型，构建了零售商和信息中介商的两阶段供应链市场需求模型，深入研究了零售商的最优定价策略、信息中介商的服务策略以及供应链销量与利润变化情况。最后通过数值实验揭示了价格敏感性、服务敏感性、广告效应、网络口碑效应以及销售周期等参数变化对于新零售供应链服务合作的影响作用。

1.3 研究创新

本书的主要特色和创新之处在于以下三个方面。

（1）本书针对新零售商业模式这一新业态，总结了其理论演进过程和特点，并针对新零售商业模式运营中若干关键问题进行了深入研究，包括新零售商业模式的变革、新零售顾客跨渠道购买行为、跨渠道自提服务行为、跨渠道体验与评论行为、管理者在线服务策略、供应链合作等关键问题。

（2）本书分别从新零售模式下消费者和管理者两个视角出发，研究了新零售模式下顾客一系列跨渠道行为对新零售商业模式带来的不同影响，并总结了在这些影响下新零售企业的商业模式变革、渠道管理、在线服务管理与供应链运营策略。

（3）本书集成了多学科研究方法来研究新零售模式的运营问题，包括文献计量、模糊决策、结构方程、计量经济、神经网络、文本挖掘、建模优化等方法。通过研究方法的综合和集成，有利于探索新零售模式下的新问题，在新零售研究领域中这属于首次。

本书面向新零售这一新兴商业模式，对零售渠道的理论演进、新零售模式中消费者跨渠道选择行为、新零售顾客快递自助服务使用意愿、线下体验与在线评论行为、顾客跨渠道评论行为、新零售企业在线服务策略以及跨渠道供应链服务合作等新零售模式中的若干关键问题进行了深入研究，在新零售渠道管理、新零售顾客配送管理、新零售顾客网络口碑管理、新零售企业在线服务管理策略、新零售企业供应链合作策略等方面提供了详尽的应用建议。本书将有助于帮助传统零售企业加快线上线下的渠道融合，搭建新零售商业模式的应用框架，促进线上电商交易与线下实体零售的交叉融合与创新发展。

第2章　新零售商业模式变革与企业实践

2.1　新零售商业模式的变革

在云计算、大数据、物联网以及人工智能等新兴信息技术的推动下，依托于线上与线下，PC端与移动端的所有渠道形态，实现产品和服务销售功能的新零售模式应运而生。赵树梅和徐晓红（2017）、杜睿云和蒋侃（2017）将新零售界定为“new retailing”，并给出了其初步定义。从渠道视角出发，笔者认为，新零售是零售商通过整合的平台实现零售渠道的全融合、零售数据的全共享、零售流程的全衔接、消费行为的社交化、服务体验的个性化以及决策支持的智能化，集成了设计、生产、销售与服务的零售新模式。在此基础上，广义的新零售还将进一步构建大数据驱动的信息流、资金流、物流的有机融合，形成完整的零售生态系统。新零售并不是全新的商业模式，而是新技术和新思维催生的全渠道融合、数据驱动的零售新战略。其核心要素包括以下三点。

（1）有机的渠道融合。不同渠道的边界消失，线上线下、虚实融合的跨渠道、多环节零售流程无缝衔接，形成全渠道融合的产品和服务分销系统。

（2）透明化的供应链整合。通过协同规划、预测与补货，C2B（消费者到企业）个性化定制，智能化配送等技术和手段，实现零售供应链伙伴的高效整合，实现面向供应链伙伴甚至终端顾客的全透明化（Chopra，2016）。

（3）数据驱动的零售流程。通过大数据、人工智能与物联网等技术，以大数据为载体驱动零售流程与优化客户体验，实现按需定制、个性推荐、服务增强等智能化营销以及渠道管控、品类优化、服务支持等智能化管理。

从2003年开始，基于互联网与移动互联网终端大范围普及带来的用户高速增长逐渐趋于稳定，各个网站和平台的流量红利也日渐弱化，传统电子商务发展所面临的瓶颈开始显现。在线网络购物增速的放缓给纯粹的在线商业模式敲响了警钟。相对于线下零售给消费者带来的可视性、可触性、可听性、可感性、可用性等直观属性，线上零售在消费体验方面具有天然劣势。不可忽视的是，中国仍有85%的实物零售消费来自实体店，线下门店依旧是零售业的核心载体。线上渠道始终没有找到能够提供场景和体验的良好路径。另外，移动支付等新技术开拓了线下消费场景，各类智能终端的普及也推动了移动支付、大数据、虚拟现实、增强现实等信息技术的变革，同时线下场景和消费社交得到了新的拓展，时间和空间的制约不再成为线下零售的约束问题。在这一背景下，线上购物如果不能和线下资源有机融合，其发展必将受到模式“天花板”的制约，对于网络零售而言，商业模式的创新和变革势在必行。

对于线下传统零售企业而言，虽然我国实体零售规模持续扩大，业态不断创新，对国民经济的贡献不断增强，但传统零售发展方式粗放、有效供给不足、运行效率不高等问题日渐突出；此外，零售经营成本不断上涨，消费需求结构不断调整，网络零售快速发展等诸多因素也给传统零售的发展带来了前所未有的挑战。2016年11月11日，国务院办公厅印发了《关于推动实体零售创新转型的意见》（以下简称《意见》），明确了推动我国实体零售创新转型的指导思想和基本原则，提出了商业结构调整、发展方式创新、跨界融合促进、发展环境优化以及政策支持强化等五个方面的指导意见。尤其是在促进跨界融合方面，《意见》要求线上企业与线下企业“通过战略合作、交叉持股、并购重组等多种形式整合市场资源，培育线上线下融合发展的新型市场主体”。其中，线上线下企业要充分发挥各自优势，实体零售企业要“将线下物流、服务、体验等优势与线上商流、资金流、信息流融合，拓展智能化、网络化的全渠道布局”；而线上电子商务企业要“向实体零售企业有条件地开放数据资源，提高资源配置效率和经营决策水平”。

新零售商业模式变革的前提在于现代零售技术的创新，智能零售硬件与软件系统的技术创新赋能零售商业模式的变革。新零售模式中核心技术主要包括以下两点。

（1）万物互联的物联网技术。物联网（Internet of Things，IoT）可以通过终端传感设备，按约定协议将任何物品通过物联网建立连接，进行信息交换和通信。IoT 将"互联网"这一概念延伸和扩展到任何物品与物品之间。零售业的三大要素包括人、货、场，这三大要素的数字化是新零售模式推进的关键。首先，在零售卖场，"人"这一要素通过手中的移动终端——智能手机予以数字化，并保持在零售场景中的实时在线状态。通过手机中 GPS（全球定位系统）、NFC（near field communication，近场通信）等传感器以及手机上安装的各类零售 APP，手机持有人的位置、状态、身份、历史购物等信息均可以被零售后台管理系统获取，并能方便地将促销信息、服务信息等通过移动网络推送到顾客手机终端。其次，在 RFID（射频识别）、二维码、红外传感器、条码等技术的普及下，"货"的数字化已经成为零售行业中的标准应用，零售卖场中的商品数据可以支持实时分析与决策。最后，零售场景的数字化。通过传感器、智能路由以及物联网，顾客进入零售卖场即接入了零售物联和互联的网络。商品信息、库存信息、促销信息、结算信息等在这一万物互联的场景中集成，顾客在商品体验后，不管是通过智能手机选购下单还是在卖场实际挑选，场景的线下线上一致化，使得顾客在整个购物过程中获得一致无缝的消费体验。

（2）大数据与人工智能技术。人、货、场的重构是新零售的必经之路，其中最关键的一步就是数据化，构建新零售的大数据基础设施。在传统零售模式下，数据的主要问题在于没有数字化而是停留在人工记录的形式上，线上渠道和线下渠道的数据没有集成或者是采购、仓储、销售等各个环节的数据没有集成，累计数据多、实时数据少等。随着物联网等新兴技术的应用，数据采集、存储的时效性、准确性、全面性得到了极大的提升。顾客身份数据、购买行为数据、商品销售数据、库存品类数据等多主题、多维度大数据的积累为人工智能技术在更好地提高零售运营效率，更深入地理解消费者需求，更周到地定制消费者服务方面提供了可能。在超市、商场购物的顾客，可以被传感器、视频识别等技术快速定位和跟踪，顾客的消费行为、个人偏好、历史需求等信息，通过大数据与人工智能技术实现精准获取并分析，这些数据再以顾客画像的形式展现给零售企业，企业可以通过顾客画像来优化品类选择、商品陈列、促销推送、库存补货等店铺终端运营。同时，在顾客需求偏好大数据分析的基础上，零售企业还可以实现千人千面的线上购物页面的定制，进一步增强网站平台和 APP 端的消费者黏性，为线上渠道增值。通过大数据与人工智能技术，真正让零售企业具备预判、预定、精准适配的交互服务能力，实现智慧零售与智能决策。

2.2　新零售商业模式的企业实践

2.2.1　亚马逊的新零售实践①

众所周知，亚马逊早在 1995 年就将图书这一零售商品搬到互联网上进行售卖。2004 年之后，亚马逊进一步简化了网站的外观，逐渐加入了家庭用品、婴儿用品、美容用品、食品等零售品类，从单一的网上书店拓展到全品类网上零售店。现在，亚马逊线下的实体销售店铺已经多样化，发展成为包括亚马逊书店（Amazon Books）、亚马逊四星商店（Amazon 4 Star）、亚马逊生鲜（Amazon Fresh）、亚马逊快闪店（Amazon Popup）、亚马逊便利店（Amazon Go）以及亚马逊杂货店（Amazon Go Grocery）等不同店铺的实体零售网络。

2015 年 11 月 3 日，第一家亚马逊实体书店（Amazon Books）在美国西雅图开业。截至 2020 年底，亚马逊书店已经在美国开设了 23 家。亚马逊实体书店陈列了大量线上的畅销书以及亚马逊智能家居、Kindle 阅读器、平板电脑之类亚马逊研发的电子产品。亚马逊实体书店的最大特点在于数据驱动和读者主导的模式。亚马逊书店完全没有任何书籍的标价，每本书下面都有一个条码，顾客需要通过手机上的 Amazon APP 扫码才能了解价格。每本书下面还有一小段

① 资料来源：[1] 王征．亚马逊新零售的优势与谨慎 [N]．第一财经日报，2017-01-26 (A10)．[2] 裴晓静．亚马逊与沃尔玛：新零售争夺战 [J]．中国品牌，2019 (7)：80-82．[3] 刘念．从“亚马逊+全食超市”谈新零售的发展 [J]．时代经贸，2019 (26)：60-62．[4] 亚马逊官网，www.amazon.com。

完全正面的读者点评，并且还列出了亚马逊官网上该书籍的评分情况。

2018 年 1 月，亚马逊首个无人零售便利店 Amazon Go 正式向公众开放，其主营商品包括食品、饮料等。Amazon Go 商店采用了大量智能技术，包括安装了距离传感器、重量传感器等的智能货架，这些货架能够感知人与货架之间的相对位置和货架上商品的移动；天花板上安装的大量摄像头和传感器设备能够通过视觉识别、深度学习、感测融合等技术，识别和跟踪顾客以及商品。顾客只需下载 Amazon Go 的 APP，在商店入口扫码成功后，便可进入商店开始购物。Amazon Go 的传感器会计算顾客有效的购物行为，并在顾客离开商店后，自动根据顾客的消费情况在亚马逊账户上结账收费。

亚马逊的新零售实践说明，首先，亚马逊期望通过“线上”向“线下”的拓展，充分利用线下店铺的物理优势，将线上空间延伸到线下，将线下店铺打造成一个产品展示、服务体验以及会员社交的综合化场所；其次，线下数据的增加将使得线上线下数据能够通过 Amazon 会员账号进行统一，顾客的线下行为将成为全新的训练数据，验证、补充和优化亚马逊的线上推荐算法。实体零售模式的拓展，会让亚马逊拥有越来越多的数据，从而使其所提供的产品、推荐、广告、服务的效果越好。与纯线上的互联网公司对比，脸书（Facebook）为了提升自己的推荐算法还需对外购买线下数据，而亚马逊只需要整合内部数据资源就能构建线上线下贯通的立体生态系统，从而实现更精准的顾客画像和广告投放。

2.2.2 银泰商业的新零售实践①

银泰商业集团（以下简称“银泰”）是一家立足浙江发展起来的百货连锁企业。经过多年发展，银泰的大型百货商场和购物中心已经遍布浙江各县

① 资料来源：[1] 吴越舟，赵桐．揭开阿里新零售的面纱 [J]．销售与市场（营销版），2021（2）：62－65．[2] 李庆．网络零售对我国百货业转型发展的影响及对策 [J]．商业经济研究，2020（1）：37－40．[3] 崔嘉．新零售时代下的数据智能营销战略——零售行业如何利用 AI 技术创造价值 [J]．清华管理评论，2019（4）：20－23．[4] 谭宵寒，邓攀．沈国军：变革中求突破 [J]．中国企业家，2018（23）：86－88．

市，以及北京、湖北、山东、安徽、江苏等省市。2007 年，银泰成功在香港联合交易所挂牌上市。银泰也是零售行业内率先向购物中心转型、第一家试水电子商务的传统零售百货公司。2015 年，银泰商业融入阿里巴巴集团生态圈，成为阿里巴巴集团整合线上线下零售的重要平台。目前，银泰商业集团经营和管理的百货门店及购物中心逾 100 家，位居中国时尚零售业态前茅。

银泰通过融入阿里电商生态，在会员数字化、交易数字化以及商品数字化方面实现了数字化转型和线上线下的无缝体验。2015 年 11 月，银泰在“双 11”联合天猫平台，首次推出“银泰天猫价，天猫银泰货”活动。顾客在银泰门店进行商品体验，然后通过旗下喵街 APP 扫码预购天猫银泰店商品，线上和线下同价。顾客通过线上购物，线下可以自由提货、退货，门店十公里范围内还能定时送达。天猫和喵街 APP 为银泰输入了全域流量资源，会员资源的集成使得银泰会员的贡献率远高于零售行业平均水平。同时，银泰零售后台的支持系统也已经完成全站上云。银泰在全国范围的商场和购物中心，均已实现物流仓储系统、企业资源计划系统、门店销售终端 POS 系统、配送系统、APP 端、会员系统、支付系统以及营销系统的云端集成，通过云上统一处理所有与零售相关的业务，实现了统一会员、统一库存、统一价格、统一营销、统一结算。

2.3　本章小结

商业模式一般是指组织基于资源和能力的投入，通过构建价值链和外部网络来实现价值创造和价值获取的方式（蔡春花等，2020；吴瑶等，2017）。我们把亚马逊和银泰的两种新零售商业模式的变革过程进行对比分析，可以发现以下两点。

（1）组织资源和能力投入的差异。亚马逊作为电子商务企业的典型代表，在物联网、云计算、大数据、人工智能等新兴信息技术方面已经形成了相当规模的优势资源和战略核心能力，但缺乏物理空间中实体店铺的运营经验。而银泰作为传统零售企业的代表，在卖场运营和渠道管控上有多年的经验积累，虽然前期已经通过银泰网电子商务平台的建设涉足网络零售，但在电子商务核心技术方面缺乏优势。因此，亚马逊运用自己超强的信息基础设施和数据计算能力，选择数字化技术含量很高的中小型智慧零售店铺（如亚马逊实体书店、无人零售便利店），来切入新零售实践，这类实体店铺在采购、库存、品类等店铺运营管理上比起大型购物中心和大型连锁超市要简单得多。而银泰恰恰在实体店铺的供应链和运营管理上经验丰富，但是在技术方面先天不足。为了弥补这一短板，银泰积极融入阿里生态系统，通过天猫、喵街、支付宝、菜鸟物流等电子商务全链路服务的集成，线下和线上协同作战，在新零售变革中首战告捷。

（2）价值创造的差异。亚马逊在线平台上的非常重要的数字资源就是数以千万的用户评论。这一网络口碑信息的积累为顾客在线选购商品提供了丰富的决策依据。在亚马逊实体书店，标新立异且源于在线平台的图书评论和评分信息在书架上扮演了线上线下有机衔接的角色。对于Z世代[①]的年轻消费群体而言，身处这样的物理和虚拟的融合空间，智能推送、无感支付等新兴信息技术带来的兴奋感，结合实体图书翻阅的体验感，是这一新零售模式的独特价值。而银泰商业作为传统零售的代表，通过新零售战略的实施，变革成为服务数字化会员的互联网零售商场、基于数据驱动的“货找人”智慧商场以及具备新零售规模化部署能力的数字化卖场。在装修豪华、环境优雅的银泰购物中心，线上的心愿商品在玻璃橱窗中陈列得琳琅满目，试用、试穿、试吃……丰富的体验感极大增加了顾客购买的可能性，品质、情感的诉求会得到顾客充分的响应。

综上所述，亚马逊和银泰两种新零售商业模式变革在资源和能力投入以及价值创造上存在显著的差异。亚马逊发挥了公司在数据资源和技术能力上的优势，在物理体验上打造了一个技术至上的新零售场景，充分展示了其独具魅力的数字技术价值；银泰利用了其在物理店铺运营上的优势，融入数字技术构建了一个情感驱动的新零售场景，有效传递了其丰富的体验价值。

---

① Z世代指在1995～2009年出生的人，又称网络世代、互联网世代，统指受到互联网、即时通信、短信、MP3、智能手机和平板电脑等科技产物影响很大的一代人。

第3章　零售渠道理论演进的过程与新零售渠道研究趋势

顾客需求的变迁与信息技术的发展推动了零售渠道的持续变革，零售行业商业模式不断创新，零售渠道从单一结构演变为多渠道与全渠道结构。零售行业的实践创新也促进了零售渠道相关研究主题和研究热点随之演变。本章基于知识图谱分析理论，应用了引文可视化分析工具 CiteSpace，分别对 2010～2019 年中文社会科学引文索引数据库（Chinese Social Sciences Citation Index，CSSCI），以及 Web of Science 社会科学引文数据库（Social Sciences Citation Index，SSCI）中的渠道研究相关文献进行了文献计量与可视化分析，以此呈现零售渠道研究主题与研究热点的演变过程，并探讨未来零售渠道研究的发展趋势。

3.1　研究数据与研究方法

为了完整呈现营销渠道研究的发展过程，本章选取了 2010～2019 年 CSSCI 中文文献数据库和 SSCI 社会科学引文数据库为数据源。首先，在 CSSCI 文献数据库中，根据篇名或关键字包含渠道的条件进行检索，结果得到 1759 条数据。其次，再根据文章标题与摘要进行了人工筛选，得到 685 条最终数据。在 SSCI 数据库中，限定文献来源为论文（article），语种为英语（English），检索主题为营销渠道（marketing channel）、销售渠道（sales channel）、分销渠道（distribution channel）、零售渠道（retailing channel）以及供应链渠道（supply chain channel），检索结果得到679篇文献，根据文章标题与摘要进行了人工筛选，获得582条最终数据。

知识图谱以知识域为对象，能够反映知识单元与知识网络的结构、演化与衍生等复杂关系，通过图形化、序列化的方法将科学知识展示出来（Chen and Leydesdorff，2014）。本章选择知识图谱工具CiteSpace V 5.6 R2版本，对近十年来零售渠道领域发表的学术论文进行了文献计量与可视化分析。CiteSpace软件基于托马斯·库恩（Thomas S. Kuhn）范式转换理论（paradigm shift）、罗纳德·伯特（Ronald Burt）结构洞理论（structural holes）以及彼得·皮罗利（Peter Pirolli）最佳信息觅食理论等，通过关键路径、最小生成树以及最大期望值聚类算法等（陈悦等，2015；李杰和陈超美，2016），对文献共引网络、作者合作网络等进行可视化分析，在多个领域的文献计量分析中得以应用。

3.2　基于知识图谱方法的零售渠道研究文献回顾

基于2010～2019年十年间发表的685篇CSSCI期刊论文和582篇SSCI期刊论文，以下应用知识图谱理论与CiteSpace可视化工具，分别从发文数量、高被引论文、作者合作网络、关键字网络、关键字聚类、关键字突现以及共被引文献等七个方面对零售渠道研究的相关文献进行回顾分析。

3.2.1　年度发文数量分析

十年间，两个数据库中相关论文的年度发文情况如图3－1所示。总体而言，2013年前CSSCI收录的渠道研究论文数量略少于SSCI论文，2012年两个数据库收录论文数量持平，2013年后CSSCI收录论文数量增长明显，各年份论文数量均超过SSCI数据库。可能的原因在于，近几年间，中国电子商务经济发展迅猛，以淘宝、京东等为代表的电子商务平台成为消费者购物的重要选择，众多传统零售企业也纷纷开通网络零售渠道，网络购物规模近年来迅速扩大，这一趋势使得中国学者开始更多地关注零售渠道的相关研究。此外，一些渠道研究的相关论文，尤其是渠道决策优化的论文发表到 Web of Science 收录的 SCI 期刊上，也在本书研究数据范围内，这也造成了 SSCI 论文数量少于 CSSCI 的论文数量。

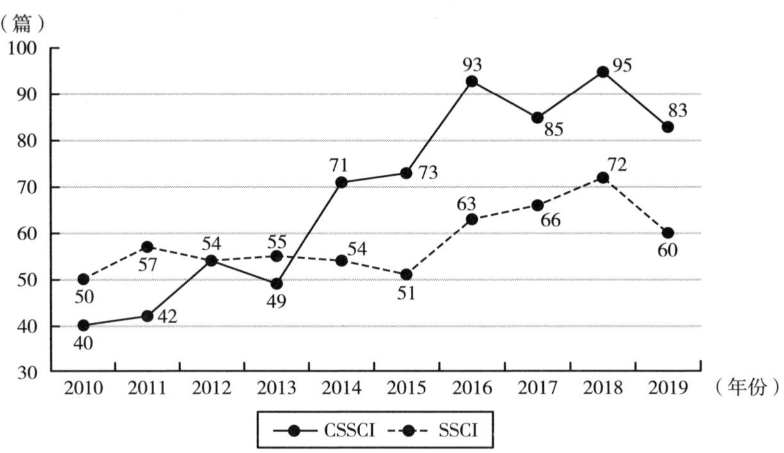

图 3－1　2010～2019 年 CSSCI 与 SSCI 渠道研究论文发表量

资料来源：根据 CSSCI 数据库和 SSCI 数据库整理。

3.2.2　高被引论文分析

高被引论文是领域内研究者进行文献研究的基础和参照点，能够反映领域内学术研究的热点与趋势。截至 2020 年 2 月 5 日，2010～2019 年 CSSCI 数据库中引用次数排名前十位的渠道研究论文如表 3－1 所示。从表 3－1 中可以发现，以运筹优化等定量研究方法为主的供应链协调研究、供应链决策优化等研究占据绝大部分，甚至将范围扩大至引用次数前三十位的论文也是如此。值得注意的是，清华大学李飞教授 2013 年的论文《全渠道零售的含义、成因及对策——再论迎接中国多渠道零售革命风暴》也获得了 22 次的引用率，说明随着移动商务的深入发展，零售行业在技术驱动和需求拉动的作用下，渠道结构和特点在不断发生深刻的变化，行业实践的变迁进一步推动渠道研究的与时俱进。

表3-1 2010~2019年CSSCI期刊引用次数排名前十的论文

排名序号	文章标题	第一作者	期刊名称	发表年度	引用次数
1	渠道冲突环境下的闭环供应链协调定价	易余胤	管理科学学报	2012	39
2	电子商务环境下双渠道供应链协调的补偿策略研究	但斌	管理工程学报	2012	32
3	基于电子市场的供应链双渠道冲突与协调的契约设计	赵礼强	中国管理科学	2014	26
4	基于改进收益共享契约的双渠道供应链协调研究	徐广业	中国管理科学	2010	23
5	全渠道零售的含义、成因及对策——再论迎接中国多渠道零售革命风暴	李飞	北京工商大学学报（社会科学版）	2013	22
5	网络比较行为下双渠道定价及协调策略研究	申成然	中国管理科学	2014	22
6	双渠道供应链中制造商与零售商的服务合作定价策略	肖剑	系统工程理论与实践	2010	21
6	地区差异化背景下制造商双渠道定价策略研究	盛昭瀚	管理科学学报	2010	21
6	考虑顾客偏好的双渠道闭环供应链定价与协调策略	曹晓刚	中国管理科学	2015	21
7	考虑渠道公平的双渠道供应链均衡策略	邢伟	系统工程理论与实践	2011	19
7	农产品流通渠道变革：演进规律、动力机制与发展趋势	赵晓飞	管理世界	2012	19
7	双渠道竞争环境下的闭环供应链定价模型	林杰	系统工程理论与实践	2014	19
8	双层双渠道供应链的定价问题	许传永	系统工程理论与实践	2010	18
9	考虑创新补偿的双渠道供应链协调机制研究	陈树桢	管理工程学报	2011	17
9	随机需求与联合促销下双渠道供应链的竞争与协调	禹爱民	管理工程学报	2012	17
9	存在搭便车时双渠道供应链的收益共享契约	丁正平	系统工程学报	2013	17

续表

排名序号	文章标题	第一作者	期刊名称	发表年度	引用次数
9	零售商价格领导权结构下的双渠道定价策略研究	刘汉进	中国管理科学	2015	17
10	存在差异性产品的双渠道供应链协调研究	陈远高	管理工程学报	2011	16
10	制造商引入在线渠道的双渠道价格与服务竞争策略	范小军	中国管理科学	2016	16

资料来源：根据 CSSCI 数据库整理。

但是，截至 2020 年 2 月 5 日，2010～2019 年引用次数排名前十位的渠道研究 SSCI 期刊论文在研究主题和研究方法上呈现出不一样的特点，如表 3－2 所示。值得一提的是，在引用次数排名前十的论文中，国内学者表现突出，第一作者分别为北京交通大学华国伟（排名第三）、重庆大学但斌（排名第六）以及河海大学张娟（排名第九）。渠道协调、渠道定价等为主题的运筹优化研究数量多于以渠道结构、消费行为为主题的营销实证研究。此外，通过 SSCI 论文施引文献的学科类别（category）共现分析，可以发现商业（business）领域的研究论文数量最多，共计 223 篇；管理（management）领域的论文次之，共计 177 篇；运营管理和管理科学（operations research & management science）领域发文量位居第三位，共计 161 篇；工程（engineering）和计算机科学（computer science）两个领域的研究论文，分别为 102 篇和 55 篇。这一结果充分说明不同背景的研究者对于渠道研究这一领域予以了充分关注。

表 3－2　2010～2019 年 SSCI 期刊引用次数排名前十的论文

排名序号	标题	第一作者	期刊名称	发表年度	引用次数
1	From multi-channel retailing to omni-channel retailing: Introduction to the special issue on multi-channel retailing	Verhoef，P. C.	Journal of Retailing	2015	360
2	Goodbye Pareto principle, hello long tail: The effect of search costs on the concentration of product sales	Brynjolfsson，E.	Management Science	2011	196

续表

排名序号	标题	第一作者	期刊名称	发表年度	引用次数
3	Price and lead time decisions in dual-channel supply chains	Hua, G. W.	European Journal of Operational Research	2010	192
4	Implementing coordination contracts in a manufacturer Stackelberg dual-channel supply chain	Chen, J.	Omega-international Journal of Management Science	2012	179
5	Crafting integrated multichannel retailing strategies	Zhang, J.	Journal of Interactive Marketing	2010	154
6	Pricing policies in a dual-channel supply chain with retail services	Dan, B.	International Journal of Production Economics	2012	149
7	Adding bricks to clicks: Predicting the patterns of cross-channel elasticities over time	Avery, J.	Journal of Marketing	2012	124
8	Channel coordination in green supply chain management	Swami, S.	Journal of the Operational Research Society	2013	123
9	Supply chain coordination through cooperative advertising with reference price effect	Zhang, J.	Omega-international Journal of Management Science	2013	122
10	"Bricks and clicks": The impact of product returns on the strategies of multichannel retailers	Ofek, E.	Management Science	2011	121

资料来源：根据SSCI数据库整理。

3.2.3　作者合作网络分析

根据2010~2019年论文作者标注情况进行论文作者的合作网络分析。分别选择CSSCI与SSCI数据库中每两年引用次数前50的研究论文，最小合作次数（最少共同署名的论文数量）阈值分别设为5和3，所生成的作者合作网络情况如图3-2所示，图中节点之间连线的粗细表示了作者之间合作发文数量的多少。可以发现，CSSCI期刊作者合作网络包括157个节点，140条链接；SSCI期刊作者合作网络包括86个节点，57条链接。可以发现，国内渠道领域的研究者已经形成较为稳定的合作网络结构，如以西安交通大学庄贵军教授、东北财经大学张闯教授、重庆大学但斌教授、张旭梅教授等为核心节点的合作网络结构。庄贵军与张闯教授形成的作者合作网络节点中心性（centrality）指标为

0.01，合作频次占据前两位，分别为42次和21次，充分说明了该节点在整个渠道研究作者合作网络中的重要地位。而SSCI期刊作者的合作网络结构较为松散，作者间合作频次较低，节点中心性指标均为0，没有明显突出的网络核心节点。其中，合作频次较高的子网络，如加拿大安大略理工大学（University of Ontario Institute of Technology）的萨尔玛·卡雷（Salma Karray）教授团队，南京大学肖条军教授（Tiaojun Xiao）团队，美国伊利诺伊大学厄巴纳—香槟分校（University of Illinois at Urbana-Champaign）的刘云川教授团队（Yunchuan Liu）以及中国科学技术大学梁樑教授（Liang Liang）团队等，合作频次在4~7次，且节点中心性指标均为0。这在一定程度上表明，SSCI期刊作者还未形成较为稳定的合作网络，作者之间临时性合作较多，合作关系较为松散，以部分学者为中心的渠道研究合作网络正在形成中。

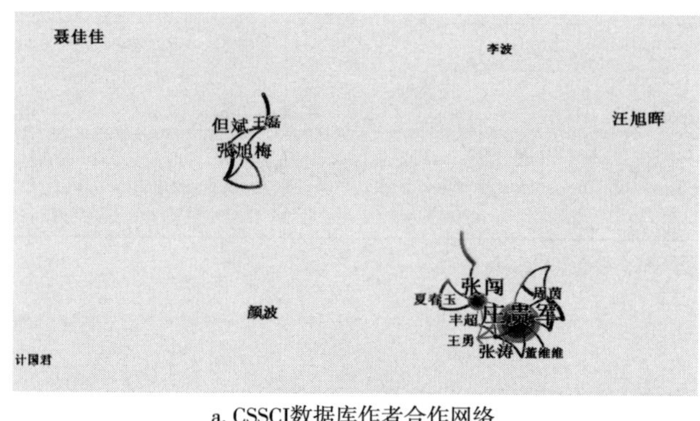

a. CSSCI数据库作者合作网络

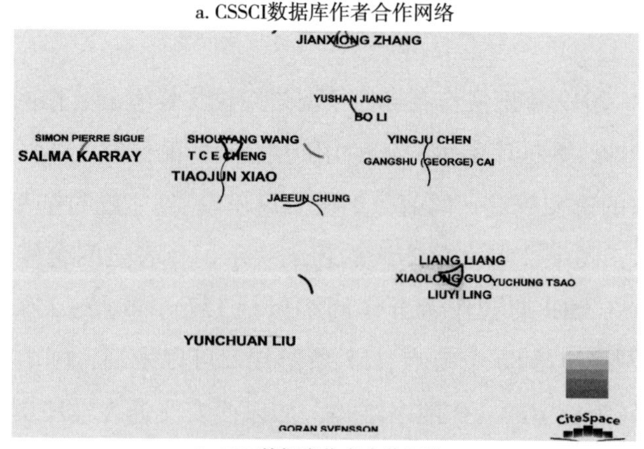

b. SSCI数据库作者合作网络

图3-2　2010~2019年作者合作网络

同时，通过 CiteSpace 软件进行国家和地区合作网络分析可以发现，按照第一作者研究机构所在地统计，结果如表 3 -3 所示。SSCI 期刊数据库中渠道研究的区域集中度较高，按照节点中心性指标与发文频次，美国、中国成为排在前两位的国家。如果将合作者地区信息考虑进去，发文数量的集中度还将进一步扩大。显然，理论研究离不开行业实践的土壤。美国和中国在 2019 年社会消费品零售总额分别达到 62375.57 亿美元①和 59672.25 亿美元②，占据全球零售总额排行的前两名。同时，两个国家领先的电子商务企业如亚马逊、淘宝等也在全球网络零售市场中占据重要地位。

表 3 -3　2010 ~2019 年渠道研究 SSCI 发文量前五位的国家或地区

序号	国家或地区	发文数量（篇）
1	美国	225
2	中国	174
3	加拿大	48
4	中国台湾	38
5	西班牙	32

3.2.4 关键词网络分析

关键词是论文研究主题的重要表征。通过关键词出现频次与变化趋势的分析，可以反映本领域内研究热点的聚焦与演变规律。首先，本章按照每两个年度为一个时间阶段，选择每个时间阶段中出现频率 TOP 50 的关键词，网络结果具体如图 3 -3 所示。2010 ~2019 年，CSSCI 期刊论文关键词网络包括 190 个网络节点、231 条网络链接，网络密度为 0.0129；SSCI 期刊论文关键词网络包括 111 个网络节点、471 条网络链接，网络密度为 0.0771。从 CSSCI 期刊论文关键词网络可以发现，营销渠道、双渠道、渠道合作、供应链协调、投机行为等关键词的出现频次与节点中心性两个指标均呈现较高的水平；而在 SSCI 期刊的关键词网络中，竞争（competition）、协调（coordination）、分销渠道（distribution

① 资料来源：美国人口调查局．2019 年美国零售与食品服务消费总额．http：//www. census. gov.

② 资料来源：中国国家统计局．2019 年中国社会消费品零售总额．http：//www. stats. gov. cn.

channel)、绩效（performance）、博弈论（game theory）以及信任（trust）等关键词的出现频次与节点中心性两个指标均呈现较高的水平。

a. CSSCI期刊论文关键词网络

b. SSCI期刊论文关键词网络

图 3－3　2010～2019 年关键词网络

3.2.5 关键词聚类分析

为了对所有研究进行领域类别上的识别，应用 CiteSpace 对关键词网络进行 K 聚类分析，同时，为了使整个关键词网络更能凸显结构上的重要特征，应用 Pathfinder 算法进行网络修剪，以获得更加清晰的聚类结果（Chen and Morris，2003）。CSSCI 期刊关键词网络经过聚类算法处理，获得 14 个聚类，聚类模块化指标 Modularity = 0.8121，聚类同质性指标 Mean Silhouette = 0.5236，说明聚类结构显著，信度较高；SSCI 期刊关键词网络经过聚类算法处理，获得 11 个聚类，Modularity = 0.7779，Mean Silhouette = 0.5911，聚类效果合理。结果如图 3-4 所示。在 CSSCI 期刊关键词聚类中，可以发现四个明显的渠道研究细分领域：（1）聚焦于渠道结构与决策的研究，如渠道选择（聚类 2）、闭环供应链（聚类 3）以及双渠道（聚类 7）；（2）聚焦于渠道成员与关系管理的研究，如信息不对称（聚类 0）、渠道投机（聚类 5）、网络中心性（聚类 6）、博弈分析（聚类 8）、角色外利他行为（聚类 11）；（3）聚焦于渠道消费者行为的研究，如渠道迁徙（聚类 4）和消费者效用（聚类 9）；（4）还有较为宽泛的渠道研究，如渠道（聚类 1）、分销渠道（聚类 10）以及营销渠道（聚类 13）。同样的，SSCI 期刊关键词网络聚类结果中，三类明显的渠道研究细分领域包括：（1）聚焦于渠道结构与竞争战略的研究，如 marketing channel（聚类 2），multiple channels（聚类 6），Internet（聚类 9）以及 vertical integration（聚类 10）；（2）聚焦于渠道决策的研究，如 retailing（聚类 0）、consignment（聚类 1）、pricing strategy（聚类 3）以及 knowledge（聚类 4）；（3）聚焦于渠道关系的研究，如 satisfaction（聚类 5）和 economic satisfaction（聚类 7）。总的来说，两个聚类所形成的研究领域是较为吻合的，SSCI 期刊关键词网络聚类结果展示的研究领域比 CSSCI 期刊关键词网络聚类略为集中。

3.2.6 关键词突现分析

为了发现渠道研究演进过程中的研究前沿，应用关键词突现（burst de-

a. CSSCI期刊关键词网络聚类结果

b. SSCI期刊关键词网络聚类结果

图 3-4 2010~2019 年关键词网络聚类结果

tection）分析来进行热点关键词探测。设定探测模型的 γ 阈值为 0.7，获得 CSSCI 期刊突现关键词 17 个；考虑到 SSCI 期刊突现关键词较多，将 γ 阈值调整为 1.0，获得突现关键词 21 个。突现关键词具体分别如表 3-4 和表 3-5 所示。可以发现，在 CSSCI 期刊有关渠道研究中，2010~2019 年，研究热点从渠道结构、渠道关系，再到渠道服务合作等，形成了一条清晰的随时间演进的热点变迁路径。其中，对于新的混合渠道等渠道结构的关注从 2010 年就开始了。农产品流通领域最早成为渠道应用研究的焦点，这主要缘于国家“三农”战略对于农民增收的持续关注，农超对接、农产品电子商务等新型模式蓬勃发展（施晟等，2012；汪旭晖，2010），引导众多研究者投身于这一领域。2015 年及以后，除了收益共享契约以及销售渠道这两个关键词之外，缺乏较为显著的新研究热点。

表 3-4　CSSCI 期刊关键词突现年度分布

关键词	突现强度	开始年份	结束年份
农产品流通	1.7690	2010	2011
渠道模式	2.0732	2010	2012
渠道绩效	1.8076	2010	2014
投机行为	1.8684	2010	2013
混合渠道	1.8596	2010	2013
营销渠道	2.2272	2010	2014
私人关系	2.7897	2010	2013
渠道	2.3217	2010	2013
流通渠道	2.2645	2010	2014
关系营销导向	2.0621	2011	2013
分销渠道	3.5777	2012	2014
再制造	2.9369	2012	2013
渠道权力	3.4792	2012	2013
社会网络	1.7081	2012	2013
服务	2.4143	2014	2015
收益共享契约	1.7600	2015	2017
销售渠道	1.7344	2017	2019

在 SSCI 数据库有关渠道的论文中，从营销视角出发的营销战略、渠道关系以及互联网和信息技术的应用对渠道影响的研究从 2010 年开始得到重视，2014 年后价格竞争、零售电子商务、战略分析、渠道选择以及风险规避等关键词涌现。可能原因在于，国外零售流通行业的成熟度高，零售电子商务的应用与发展远没有中国来得如此迅猛，研究者的关注焦点随时间演进较为平均，2015 年还陆续出现一些突现关键词，跟 CSSCI 期刊相比，呈现了不一样的特点。

表 3-5　SSCI 期刊关键词突现年度分布

关键词	突现强度	开始年份	结束年份
promotion	3. 2109	2010	2013
marketing	4. 5055	2010	2013
opportunism	2. 6796	2010	2013
buyer-supplier relationship	2. 5658	2010	2013
seller relationship	2. 5658	2010	2013
retailing	3. 8575	2010	2013
price competition	3. 6483	2014	2017
satisfaction	3. 6511	2010	2012
consumer	5. 0065	2013	2015
retail	3. 0717	2015	2017
Internet	3. 9477	2010	2011
information technology	2. 4416	2010	2011
e-business	2. 4416	2010	2011
brand	2. 9317	2010	2011
transaction cost	2. 4416	2010	2011
channel relationship	3. 4223	2010	2011
determinant	5. 7933	2011	2012
cooperative advertising	2. 6353	2012	2013
vertical integration	2. 6353	2012	2013
common retailer	2. 5714	2014	2015
industry	3. 1165	2015	2016
e-commerce	2. 7538	2016	2017
strategic analysis	4. 1524	2016	2017
choice	3. 2259	2016	2017
risk aversion	2. 7634	2016	2017

3.2.7 共被引文献分析

为了分析渠道研究理论发展的动态结构，通过共同被引证文献之间的联系来揭示理论演进的特点。2010～2019年，CSSCI被引文献达到11134篇，SSCI被引文献达到20269篇。考虑到被引文献数量较多，每两个年度为一个时间阶段，按照TOP 25标准进行文献抽取，网络与聚类结果如下。

应用Pathfinder算法修建后，CSSCI共被引网络可获得由176个网络节点、287条网络链接组成的共被引文献网络，其网络密度为0.0163。通过K聚类算法进行聚类，获得聚类模块化指标Modularity＝0.8257，聚类同质性指标Mean Silhouette＝0.5839，说明聚类结构显著、信度较高，如图3－5所示。从聚类结果发现，共生成11个聚类，其中前8个共被引文献聚类呈现的研究主题包括了需求扰动带来的混合渠道决策影响（聚类0）、营销渠道（聚类1）、双渠道供应链（聚类3）、闭环供应链（聚类4）以及在线渠道（聚类7）等带来的渠道结构问题，而渠道合作与关系管理问题包括了联合决策（聚类2）、私人关系（聚类5）以及渠道迁徙（聚类6）。

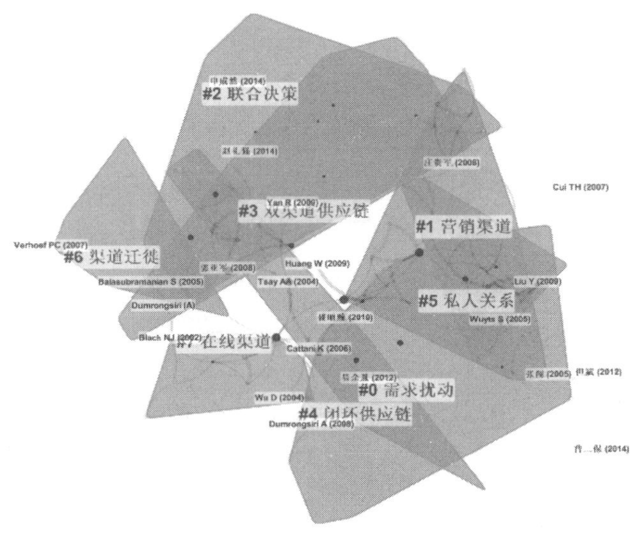

图3－5　2010～2019年CSSCI共被引文献网络聚类

2010~2019年CSSCI数据库中渠道研究共被引次数最高的前十位文献如表3-6所示。我们可以看到，排名前十的文献中，国内学者占据七席。

表3-6 2010~2019年CSSCI共被引排名前十位的文献

序号	文章标题	第一作者	期刊名称	发表年度	共被引强度
1	基于电子市场的双渠道冲突与协调	郭亚军	系统工程理论与实践	2008	29
2	A supply chain model with direct and retail channels	Dumrongsiri, A.	European Journal of Operational Research	2008	24
3	电子商务环境下双渠道供应链协调的补偿策略研究	但斌	管理工程学报	2012	22
4	渠道冲突环境下的闭环供应链协调定价	易余胤	管理科学学报	2012	21
5	Boiling frogs: Pricing strategies for a manufacturer adding a direct channel that competes with the traditional channel	Cattani, K.	Production and Operations Management	2006	18
6	Direct marketing, indirect profits: A strategic analysis of dual-channel supply-chain design	Chiang, W. K.	Management Science	2003	18
7	关系营销导向与跨组织人际关系对企业关系型渠道治理的影响	庄贵军	管理世界	2008	18
8	网络比较行为下双渠道定价及协调策略研究	申成然	中国管理科学	2014	17
9	基于电子市场的供应链双渠道冲突与协调的契约设计	赵礼强	中国管理科学	2014	15
10	基于改进收益共享契约的双渠道供应链协调研究	徐广业	中国管理科学	2010	14

资料来源：根据CSSCI数据库整理。

2010~2019年，共被引文献出现频率最高的前十位期刊如表3-7所示，涵盖了营销科学与管理科学领域的国际顶级期刊和国内权威期刊。其中，《管理科学》（*Management Science*）、《市场营销杂志》（*Journal of Marketing*）以及《生产与运营管理》（*Production and Operations Management*）均为美国得克萨斯大学达拉斯分校纳文·金达尔管理学院（Naveen Jindal School of Management, The University of Texas in Dallas）列出的商学院国际顶级期刊（UTD 24），国内的《中国管理科学》《系统工程理论与实践》《管理科学学报》和《管理工程学报》均属于国家自然科学基金委管理学部认定的管理类 A 类期刊。

表 3－7　2010～2019 年 CSSCI 共被引文献发表数量排名前十位的期刊

序号	期刊名称	共被引文献数量（篇）
1	Management Science	310
2	European Journal of Operational Research	262
3	中国管理科学	225
4	系统工程理论与实践	220
5	管理科学学报	198
6	International Journal of Production Economics	190
7	Journal of Marketing	179
8	Production and Operations Management	171
9	管理工程学报	167
10	Journal of Retailing	161

资料来源：根据 CSSCI 数据库整理。

应用 Pathfinder 算法修建后，SSCI 共被引网络可获得由 146 个网络节点、180 条网络链接组成的共被引文献网络，其网络密度为 0. 017。通过 K 聚类算法进行聚类，获得聚类模块化指标 Modularity = 0. 8003，聚类同质性指标 Mean Silhouette =0. 4565，聚类结果符合要求，如图 3 －6 所示。从聚类结果可发现，共生成 26 个聚类，相对于 CSSCI 共被引文献聚类来说，研究主题更为分散。其中，前 8 个共被引文献聚类的研究关注点较为集中，包括渠道结构与战略方面的研究（聚类 2、聚类 3、聚类 5、聚类 6），渠道关系与行为（聚类 0、聚类 1、聚类 4）以及行业渠道方面的研究（聚类 7）。

2010～2019 年 SSCI 数据库中共被引强度排名前十位的文献如表 3 －8 所示。有三篇文献同时出现在 SSCI 和 CSSCI 数据库共被引强度排名前十位的文献中，分别是泰国国立法政大学（Thammasat University）的杜姆隆西里教授（Dumrongsiri, A. ）、印第安纳大学伯明顿分校凯莱商学院（Kelley School of Business at Indiana University, Bloomington）的卡塔尼教授（Cattani, K. ），以

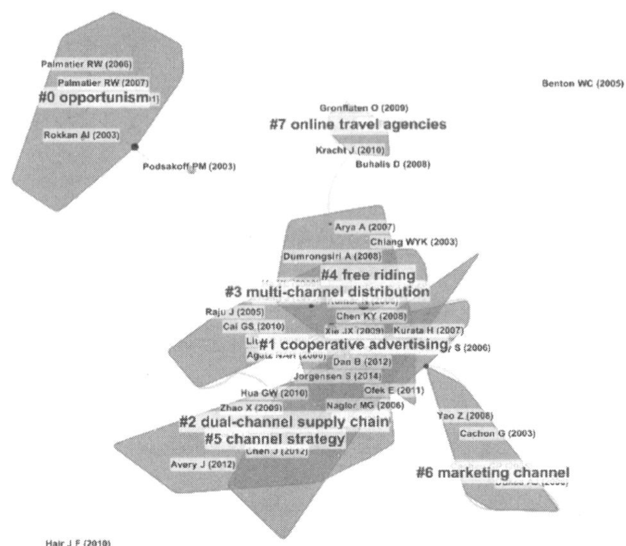

图 3-6　2010~2019 年 SSCI 共被引文献网络聚类

及香港城市大学华人学者江伟裕教授（Chiang, W. Y. K）的论文。值得一提的是，美国圣塔克拉拉大学列维商学院（Leavey School of Business, Santa Clara University）的华人学者蔡港树教授（Gangshu Cai）在共被引前十位文章中独有两篇，在渠道决策优化研究方面做出了卓越的贡献。

表 3-8　2010~2019 年 SSCI 共被引排名前十位的文献

序号	文章标题	第一作者	期刊名称	发表年度	共被引强度
1	A supply chain model with direct and retail channels	Dumrongsiri, A.	European Journal of Operational Research	2008	33
2	Channel selection and coordination in dual-channel supply chains	Cai, G. S	Journal of Retailing	2010	32
3	Boiling frogs: Pricing strategies for a manufacturer adding a direct channel that competes with the traditional channel	Cattani, K.	Production and Operations Management	2006	30
4	Common method biases in behavioral research: A critical review of the literature and recommended remedies	Podsakoff, P. M.	Journal of Applied Psychology	2003	26

续表

序号	文章标题	第一作者	期刊名称	发表年度	共被引强度
5	Game theoretical perspectives on dual-channel supply chain competition with price discounts and pricing schemes	Cai, G. S	International Journal of Production Economics	2009	25
6	Dual sales channel management with service competition	Chen, K. Y.	Manufacturing & Service Operations Management	2008	24
7	Price and lead time decisions in dual-channel supply chains	Hua, G. W.	European Journal of Operational Research	2010	22
8	Direct marketing, indirect profits: A strategic analysis of dual-channel supply-chain design	Chiang, W. Y. K.	Management Science	2003	22
9	Supply chain coordination with revenue-sharing contracts: Strengths and limitations	Cachon, G. P.	Management Science	2005	20
10	Introduction of a second channel: Implications for pricing and profits	Huang, W.	European Journal of Operational Research	2009	20

资料来源：根据 SSCI 数据库整理。

2010～2019 年 SSCI 数据库中共被引文献发文数量最多的前十位期刊如表 3－9 所示。我们可以发现，其中 5 种期刊位列 UTD 24 种国际顶级期刊名录，而其他 5 种期刊也都是管理科学和营销领域 SSCI 一区或二区期刊。

表 3－9　2010～2019 年 SSCI 共被引文献发表数量排名前十位的期刊

序号	期刊名称	共被引文献量（篇）
1	Management Science	348
2	Journal of Marketing Research	300
3	Marketing Science	296
4	Journal of Retailing	274
5	Journal of Marketing	267
6	European Journal of Operational Research	226
7	Journal of Business Research	202
8	Journal of the Academy of Marketing Science	184
9	Production and Operations Management	182
10	International Journal of Production Economics	156

资料来源：根据 SSCI 数据库整理。

3.3 新零售模式中渠道研究的发展趋势

随着手机用户与移动网络应用的不断普及，基于移动智能终端的零售模式飞速发展，零售渠道形式进一步多元化，不同渠道间的互动融合进一步强化。在全球零售行业和新兴电子商务企业的推动下，线上线下融合的新兴零售业态不断涌现。2013 年，梅西百货开始试点推出线上购买、线下取货（buy online and pick-up in store，BOPS）服务；2015 年，亚马逊开出自己的第一家线下实体书店；2016 年初，阿里巴巴的第一家线下生鲜超市——盒马鲜生上海金桥店诞生。2016 年 10 月，阿里巴巴集团董事局主席马云在阿里云栖大会上首次提出了“新零售”的概念。企业在零售实践上不断探索和创新，线上到线下（online to offline，O2O）、全渠道零售（omni-channel retailing）、新零售等概念与模式不断成为业界的热点。企业在零售渠道实践上从单一渠道（single-channel）到多渠道（multi-channel），再到全渠道（omni-channel）与新零售，实践创新持续推动着理论研究的前进。

基于 Web of Science 的文献共被引分析，可以发现近年来零售渠道的研究热点也在变化。从渠道研究对象来看，2001 ~ 2010 年，共被引高频文献的关键词集中在双渠道（dual-channel），多渠道（multi-channel）、互联网渠道（internet channel）等方面；2010 年后，渠道整合（channel integration）以及跨渠道（cross-channel）等关键词的出现频率增加；2011 年，里格比（Rigby，2011）首次提出了全渠道的概念后，这一关键词的相关研究迅速增多。2013 年，布莱恩约弗森等（Brynjolfsson et al.，2013）在《斯隆管理评论》（*MIT Sloan Management Review*）上发表论文《全渠道零售时代的竞争》（*Competing in the Age of Omnichannel Retailing*），首次提出了全渠道零售的竞争框架，截至 2020 年 2 月 5 日，该论文在 SSCI 数据库中引用次数已达 50 次。2014 年和 2015 年，电子商务和营销研究领域的顶级期刊《国际电子商务杂志》（*International Journal of Electronic Commerce*）第 18 卷第 4 期和《零售杂志》（*Journal of Retailing*）第 91 卷第 2 期先后出版专刊，讨论全渠道零售环境下消费者跨渠道行为、渠道整合以及对厂商的影响等问题。范霍夫等（Verhoef et al.，2015）为《零售杂志》这一全渠道零售的专刊做了专门介绍，并总结了多渠道零售研究的现状，阐述了零售模式向全渠道零售演进的过程。从表3－2可知，这篇文章在2010～2019年SSCI数据库收录的所有渠道研究论文中引用次数排名第一。

从渠道特征来看，零售渠道结构的演化路径从传统的单一渠道、传统与网络渠道并行的多渠道零售，发展到了线上线下渠道整合的全渠道零售。大数据时代的来临使得零售行业的数据化驱动特征更加明显。新零售正是通过零售大数据的驱动，进一步强化了线上线下的渠道交互、营销渠道与现代物流的有机融合。零售渠道结构与特征的演化过程具体如图3－7所示。需要说明的是，贝克和瑞格（Beck and Rygl，2015）以及皮科特－库佩等（Picot-Coupey et al.，2016）提出多渠道零售和全渠道零售之间还存在一种零售模式——跨渠道零售（cross-channel retailing）。我们认为，跨渠道并不是单独的一种零售方式，而是多渠道零售和全渠道零售的中间过渡形态，从顾客视角出发，强调了顾客的跨渠道行为；从厂商视角出发，强调了跨渠道的整合。

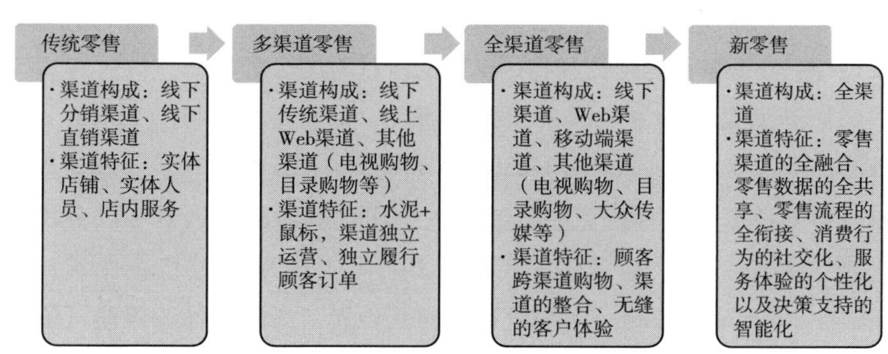

图3－7 零售渠道结构与特征的演化过程

因此，基于前述2010～2019年的文献回顾，展望新零售环境下的渠道研究，未来可能的热点包括以下方面。

（1）顾客跨渠道行为与渠道整合绩效的研究。实施新零售战略的企业如何达到不同渠道的业务流程、顾客数据、服务资源等的整合，从而实现不同渠道的整合是发挥竞争优势的关键所在（Phang et al.，2014；李飞，2013）。

在这一方面，近年来的部分研究已经做了一些前期的工作。例如，加利诺和莫雷诺（Gallino and Moreno，2014）通过企业实证数据分析了通过提供 BOPS 服务所带来的渠道整合效果，研究了顾客 BOPS 行为所产生的交叉销售效应（cross-selling effect）和渠道转移效应（channel-shift effect）。黄等（Huang et al.，2016）研究发现，增加移动端渠道后对 PC 端渠道会造成替代性影响，也证明存在交叉销售效应。未来，在渠道融合环境下，顾客更多的跨渠道迁移行为会得到关注（鲁平俊和唐小飞，2015），如线上信息搜索后在线下购物，在线下体验过程中通过移动终端购物等。同时，社交网络与用户生成内容的行为、支付选择行为、物流选择行为、平台选择行为等也会逐渐得到关注（Kannan and Li，2017）。

（2）新零售环境下的渠道决策优化研究。高和苏（Gao and Su，2017）在这一领域做了开拓性的工作。他们从全渠道运营管理的视角出发，分别研究了三种典型的渠道融合情境，包括零售商提供 BOPS 服务，零售商提供线上虚拟体验或线下实体体验服务，以及零售商提供线上线下的自助下单服务，分析了不同情境下零售商的最优策略以及对零售经营业绩的影响作用。未来，会有更多行为运作管理的研究者投身这一领域，就顾客风险敏感、信息选择、有限理性、心理偏好等特征导致的不同消费行为进行研究。

（3）新型渠道场景与零售服务的研究。随着虚拟现实（virtual reality，VR）与增强现实（augmented reality，AR）技术、万物互联、人脸识别、智能推荐等新技术在零售行业的不断投入应用，新的零售场景和服务模式迅速出现。例如，贝尔等（Bell et al.，2018）针对眼镜零售企业沃比帕克（https：//www. warbyparker. com）提供的三种崭新的顾客体验渠道（在线虚拟试戴、快递到家试戴以及线下实体店体验），通过不同渠道销售数据进行了实证研究，结果证明，线下体验店不仅增加了线上渠道的需求，而且提升了快递到家体验顾客的转化率，从而拉动了顾客全渠道的总需求。线上与线下渠道场景的融合和交互越来越多，无人超市、VR/AR 购物、直播购物等新兴业态改变了顾客面临的消费渠道场景，“粉丝经济”与场景营销的作用也更加得到零售商重视（Ailawadi and Farris，2017）。这必将产生诸多新的研究问题，为研究者针对崭新的渠道方式和服务模式的系列研究提供了机遇。

第4章 新零售模式中消费者跨渠道选择行为研究

4.1 引 言

在新零售模式下，消费者面临着不同购买渠道的选择和订单履行方式。在线渠道因为其多样化的支付方式、技术进步带来的客户体验改善、高效的物流配送系统以及灵活的售后服务等因素获得了空前的成功（Chen and Yao，2012）。一些消费者却更加偏好传统渠道，如商场、超市和购物中心等。还有部分消费者为了充分利用线下与线上渠道二者的优势，选择了跨渠道（cross-channel）购买行为，包括 BOPS 和 ROPO（消费者在线搜索产品信息后再去实体商店购买）等（Cao et al.，2015）。越来越多的企业选择投入资源在传统渠道之外新建在线零售渠道（Dawes and Nenycz-Thiel，2014），同时很多消费者也倾向于选择具有实体店铺的网络商店（Melis et al.，2015）。因此，在新零售全渠道模式中，消费者可以根据自己的偏好选择不同的渠道进行购买，如线下渠道、线上渠道或者跨渠道等。

不同消费者对于购买渠道的偏好引起了众多研究者和从业者的兴趣。一般认为，采取多渠道战略的企业比采取单一渠道战略的企业更有优势，同时，多渠道战略也能提升消费者忠诚度（Lee and Kim，2010）。渠道整合战略的支持者认为这一战略可以提升消费者价值主张（Gallino and Moreno，2014）并能够有效防止消费者的困惑、沮丧等不满意情绪（Gulati and Garino，2000）。戴尔公司作为全球领先的计算机制造商，因其在线直销模式而闻名。

但是现在，戴尔在许多国家和地区开设线下零售店铺以提升销售业绩。全球最大的零售巨头沃尔玛，将其当前的成功归结于线下店铺与网络零售的混合战略，这一战略保证了沃尔玛的消费者以最便宜的价格和最好的服务体验购买商品。沃尔玛在美国本土提供了线上线下的整合战略。消费者可以在沃尔玛网站选购商品，然后等待第三方快递的配送服务；同时，消费者在线选购下单后也可以选择去最近的沃尔玛门店提货。

本章将考虑影响消费者渠道选择的重要因素，基于 TOPSIS（technique for order preference by similarity to an ideal solution）方法建立消费者渠道选择的模糊决策模型。已有研究很少关注到新零售环境下的消费者跨渠道行为，仅有部分论文分析了消费者在线上或线下两种渠道的选择问题。同时，在消费者行为和营销渠道研究领域，应用模糊 TOPSIS 方法的也很少。本章将通过消费者图书购买的渠道选择决策来阐释这一方法的应用，研究结果也验证了模型的可行性与有效性。

4.2 相关文献综述

4.2.1 跨渠道消费行为

近年来，与跨渠道相关的研究主要集中在两个方面。一方面，主要从供应链的视角出发，研究多渠道供应链中成员的营销决策与渠道战略，研究主题包括渠道冲突（Webb and Lambe，2007）以及渠道协同（Falk et al.，2007；Montoya-Weiss et al.，2003）等。另一方面，主要是基于营销实证的多渠道消费者购买行为研究，包括渠道选择行为（Hsiao，2009）、渠道扩展（Kim and Park，2005；Yang et al.，2013），消费者购买体验（Melis et al.，2015；Mosteller et al.，2014），消费者网络满意度（Kundu and Datta，2015；Sharma et al.，2015）以及消费者忠诚（Ailawadi et al.，2014）等。

已有研究从不同视角对于新环境下的消费者行为进行了分析。布莱克等（Black et al.，2002）提出，渠道特征、渠道结构、产品因素以及消费者因素会影响到金融服务的渠道选择。格尔特和严（Gehrt and Yan，2004）认为，情境因素对于消费者的渠道选择起到了重要的影响作用。梅利斯等（Melis et al.，2015）指出，产品价格对消费者在线渠道选择没有显著影响，但产品搭配是一个关键诱因，它们可通过激发消费者忠诚来吸引重复访问行为。权和列侬（Kwon and Lennon，2009）研究得出，消费者对于实体商店的感知信任会正向影响到他们对于在线商店的感知信任，从而产生跨渠道协同效应。然而，如果消费者对于企业的线下渠道不满意，跨渠道相互竞争（cross-channel cannibalisation）也会导致他们离开该企业的网络渠道（Kim and Park，2005）。这一结论也得到杨等（Yang et al.，2013）的证实。范霍夫等（Verhoef et al.，2015）指出，渠道协同和跨渠道相互竞争现象会并存，为了提升利润，企业应该采取相应措施有效激励消费者使用新的网络渠道。

一般来说，渠道选择是一个包括以下步骤的动态过程：产品认知、信息检索、产品试用、产品交易、产品分销和产品退换等（Mokhtarian，2004）。帕夫卢和费根森（Pavlou and Fygenson，2006）认为，消费者决策过程主要包括信息搜索与产品购买两个阶段，消费者购买意愿影响他们的搜索意愿与购买行为，而购买意愿和信息搜索行为共同影响最终的购买行为。一旦消费者的购买需求得到确认，他们会收集大量的产品相关信息，然后通过细致的信息比较来降低不确定性和风险，从而在最终交易前找到价格最低廉、质量最优良的产品。这一行为类似于 ROPO，即消费者在线搜索产品相关信息后再去实体商店进行购买。现在，有很多消费者采取 BOPS 的方式，即线上选择并下单购买，然后通过线下商店进行提货，这样可以避免快递配送的等待时间。加利诺和莫雷诺（Gallino and Moreno，2014）指出，企业实施 BOPS 策略并没有促进在线销售量，相反，BOPS 导致了在线销量的减少以及线下销量的增加，原因在于交叉销售效应以及渠道迁移带来了额外的线下客流。消费者的渠道选择行为不是静止不变而是在动态变化中的，企业必须根据不同细分市场的消费者需求采取差异化的营销战略。

4.2.2 消费者渠道选择的影响因素

风险因素是影响消费者渠道选择的重要因素。根据道林和斯泰林（Dowling and Staelin，1994）的研究，渠道的风险识别被定义为消费者对于渠道不确定性以及可能的负面后果的全面评估。一些消费者不愿意进行在线购物主要是考虑到网络的潜在风险（Al-Gahtani，2011；Andrews and Bianchi，2013；Hoffman et al.，1999；Jarvenpaa et al.，1999）。道林和斯泰林（1994）指出，在线购物是有风险的行为，感知风险是影响到消费者在线购物的态度与意愿的主要因素。舍恩巴赫勒和戈登（Schoenbachler and Gordon，2002）强调，在零售过程中，感知风险、以往购物体验、激励措施以及产品和服务的类别都会对消费者购物渠道选择造成影响。德勒斯奈德等（Deleersnyder et al.，2002）认为，现有渠道特征（满意度）对消费者新渠道采纳决策的影响受到新渠道感知风险的调节作用。因此，感知风险被认为是消费者接受该渠道的主要障碍性因素。在本章中，我们选择感知风险作为消费者渠道选择的影响因素。

除了感知风险外，格罗弗等（Grover et al.，2006）指出，信息质量会影响到消费者对于网络渠道的使用，高质量信息能够将体验因素转化为搜索因素。陆和刘（Lu and Liu，2013）认为，消费者通过即时通信工具的使用可以准确高效地交换产品和服务信息。与之相反的是，线下商店的产品与服务信息，包括价格、质量、供应商以及其他消费者体验等，都难以方便地获取和快捷地传播。因此，渠道信息质量会影响到消费者对于渠道选择的意愿。在本书中，信息可得性将作为渠道选择模型的重要指标。

渠道服务质量感知被定义为消费者对于渠道感知绩效的总体评价（Zeithaml et al.，2002）。已有研究证实，在线服务质量体验的改善会提升消费者对于网络渠道的使用意愿（Badrinarayanan et al.，2012；Lee et al.，2003；Montoya-Weiss et al.，2003）。虽然线上购买具有方便、快捷的显著优势，但是客户服务质量的问题往往是阻碍消费者选择这一购物模式的屏障（Jarvenpaa and Todd，1996）。科尔曼等（Kollmann et al.，2012）指出，消费者对于实际服务的期望可能会影响他们对于网络虚拟渠道的选择，那些不关注客户服务的企业在客户满意评分方面表现不佳，最终这些企业在市场竞争中会败下阵来。艾弗里等（Avery et al.，2012）建议，在线商店可以根据线上与线下渠道各自的显著优势进行整合，通过渠道整合来改进客户体验。线下渠道的服务质量体验和感知风险优势可以弥补线上渠道的不足，线上渠道的服务质量改善会负面影响消费者对于线下实体店铺的选择。因此，我们将服务质量体验作为影响消费者渠道选择的因素予以考虑。

网络购物中终端消费者对于配送服务尤其是“最后一公里”的商品配送服务有着高度的期望。消费者行为相关的研究发现，配送服务的时间长短会影响消费者对于服务及其满意度的评价。在网络购物中，相对于售前服务，消费者认为售后服务更为重要（Posselt and Gerstner，2005）。约翰逊等（Johnson et al.，2006）认为，消费者对于本地购物商店是否保持忠诚取决于理想的购物体验，快速的订单履行以及优良的配送服务，也传递了一种商店对于当地社区的归属感。在现有文献基础上，我们假设线下商店提供的服务越好就能获得越多的利润。如果消费者选择实体商店，消费者能够很快获得商品，从而节省大量的配送等待时间。因此，我们把配送服务作为消费者渠道选择的标准予以考虑，并假设线下购物的配送服务优于线上购物。

4.2.3 模糊 TOPSIS 方法

本章内容的研究从消费者视角出发，通过模糊 TOPSIS 方法来分析消费者的渠道选择行为。TOPSIS 方法在决策和评价领域应用广泛。莎妮娅和萨瓦多戈（Shanian and Savadogo，2006）应用 TOPSIS 方法来解决原料选择的问题。贾汗沙鲁等（Jahanshahloo et al.，2009）引入新的 TOPSIS 模型来分析带有区间数据的多指标决策问题（multiple criteria decision-making，MCDM）。瓦达尼等（Vahdani et al.，2011）提出了群决策中的模糊 TOPSIS 方法，用于评价同时考虑冲突性定量与定性信息的备选方案。其他一些研究者将 TOPSIS 与其他方法结合起来解决实际问题，比如与模糊 Logic 模型的结合（Yurdakul and İç，2009），或是和层次分析法（analytic hierarchy process，AHP）的结合

(Seçme et al., 2009)。在本章，我们将模糊三角数与 TOPSIS 方法结合，来测算消费者对于购买渠道的评分。

4.2.4 研究创新点

本章研究与已有文献的区别主要体现在以下三个方面。

(1) 消费者购买渠道类型不一样。本章研究中消费者的渠道选择包括线下渠道（实体商店)、线上渠道（网络商店)、跨渠道（BOPS 或 ROPO）以及线上线下整合渠道。而以往研究中仅仅关注了双渠道模式，即线下渠道和线上渠道两种。

(2) 模糊决策方法的应用。在消费者行为与市场营销研究领域，已有文献很少应用模糊决策方法来分析消费者行为。我们引入这一新的方法来分析消费者渠道选择的决策过程。在渠道研究相关的供应链领域，研究模型往往受到特定假设的限制；而在营销研究领域，实证研究总是受制于研究的样本数据。

(3) 将消费者和企业两种视角有效结合。本章研究通过应用模糊决策方法将消费者行为与企业策略制定有效结合，来模拟消费者的渠道选择决策。从消费者视角来看，已有研究仅仅给出了一些影响消费者渠道选择的因素，但没有告知消费者如何选择适合自己的渠道。从企业视角来看，企业考虑渠道规划的复杂因素很多，但企业决策者不能精确预知消费者的渠道选择行为，以至于设施与服务资源难以得到有效配置。

因此，本章研究通过模糊 TOPSIS 方法来构建消费者的渠道选择模型。考虑到消费者的可接受程度以及产品标准化程度，本章选择了图书作为目标产品，在案例分析中聚焦于图书零售渠道来分析消费者的渠道选择行为。

4.3 模型构建与模糊决策过程

TOPSIS 方法作为一种重要的多属性决策方法，最早由黄和尹（Hwang and Yoon, 1981）提出。该方法的特点是借助于正理想解（positive ideal solution,

PIS）和负理想解（negative ideal solution，NIS）进行候选者的排序。基于归一化后的原始数据矩阵，找出最优方案和最劣方案，通过计算评价对象与最优方案和最劣方案的欧氏距离，获得评价对象与最优方案的接近程度，以此来评价备选对象的优劣（Safari et al.，2012；Seçme et al.，2009）。这种方法适用于多项指标对多个方案进行比较选择，尤其对样本资料没有特殊的要求。此外，由于现实中存在大量不确定信息，人们无法用准确语言来描述自己的判断。扎德（Zadeh，1975）提出了模糊集的方法，将不确定的模糊评价转化为具体的量化计算，来解决 MCDM 的决策问题。根据模糊集规则，语义变量可以转化为确定的三角模糊数。根据萨法瑞等（Safari et al.，2012）和瓦达尼等（Vahdani et al.，2011）的已有研究，模糊 TOPSIS 方法的步骤如下所示。

（1）评价指标体系的建立是进行评价和选择的基础，指标体系的建立应该依据前面所述的建立原则和思路进行。

（2）将评价指标的语义变量取值转化为语义评分。

（3）确定初始判断矩阵。假设有 m 个候选方案，n 个评价指标，专家对第 i 个评价指标的第 j 个属性的评价值 $\tilde{x}_{ij}$，初始判断矩阵 $\tilde{X}$ 为：

$$\tilde{X}=\begin{pmatrix}\tilde{x}_{11} & \tilde{x}_{12} & \cdots & \tilde{x}_{1n}\\ \tilde{x}_{21} & \tilde{x}_{22} & \cdots & \tilde{x}_{2n}\\ \cdots & \cdots & \cdots & \cdots\\ \tilde{x}_{m1} & \tilde{x}_{m2} & \cdots & \tilde{x}_{mn}\end{pmatrix} \tag{4-1}$$

其中，$\tilde{x}_{ij}=(a_{ij},b_{ij},c_{ij})$。假设一共有 k 个专家参与评价，存在：

$$\begin{cases} a_{ij} = \min\limits_{k}\{a_{ijk}\} \\ b_{ij} = \sum\limits_{k=1}^{k} b_{ijk}/k \\ c_{ij} = \max\limits_{k}\{c_{ijk}\} \end{cases} \tag{4-2}$$

（4）标准加权模糊评价矩阵。经过标准化之后，得到标准加权模糊评价矩阵 $\tilde{R}$ 如下：

$$\tilde{R}=\begin{pmatrix}\tilde{r}_{11} & \tilde{r}_{12} & \cdots & \tilde{r}_{1n}\\ \tilde{r}_{21} & \tilde{r}_{22} & \cdots & \tilde{r}_{2n}\\ \cdots & \cdots & \cdots & \cdots\\ \tilde{r}_{m1} & \tilde{r}_{m2} & \cdots & \tilde{r}_{mn}\end{pmatrix} \tag{4-3}$$

其中，$\tilde{r}_{ij}$满足

$$\tilde{r}_{ij}=\left(\frac{a_{ij}}{c_j^*},\frac{b_{ij}}{c_j^*},\frac{c_{ij}}{c_j^*}\right),c_j^*=\max_j(c_{ij}),j\in B \tag{4-4}$$

$$\tilde{r}_{ij}=\left(\frac{a_j^-}{c_{ij}},\frac{a_j^-}{b_{ij}},\frac{a_j^-}{a_{ij}}\right),a_j^-=\min_i(a_{ij}),j\in C \tag{4-5}$$

B 和 C 分别代表效益指标和成本指标，B 取值越大越好，C 取值越小越好。

（5）根据陈（Chen，2000）提出的方法，分别计算 PIS 值与 NIS 值，表示为：

$$A^*=\{\tilde{v}_1^*,\tilde{v}_2^*,\cdots,\tilde{v}_n^*\},\tilde{v}_i^*=\max_i\{\tilde{v}_{ij}\},i=1,2,\cdots,m,j=1,2,\cdots,n \tag{4-6}$$

$$A^-=\{\tilde{v}_1^-,\tilde{v}_2^-,\cdots,\tilde{v}_n^-\},\tilde{v}_i^-=\min\{\tilde{v}_{ij}\},i=1,2,\cdots,m,j=1,2,\cdots,n \tag{4-7}$$

（6）计算各备选方案与 PIS 和 NIS 的欧式距离，d_v 计算公式为：

$$d_i^*=\sum_{j=1}^{n}d_v(v_{ij},v_j^*),i=1,2,\cdots,m \tag{4-8}$$

$$d_i^-=\sum_{j=1}^{n}d_v(v_{ij},v_j^-),i=1,2,\cdots,m \tag{4-9}$$

$$d_v(v_{ij},v_j^*)=\sqrt{\frac{1}{3}\left[\sum(v_{ij}-v_j^*)^2\right]} \tag{4-10}$$

$$d_v(v_{ij},v_j^-)=\sqrt{\frac{1}{3}\left[\sum(v_{ij}-v_j^-)^2\right]} \tag{4-11}$$

（7）根据以下公式计算相对贴近度系数（closeness coefficient），根据系数 C_i 的大小进行备选方案的先后排名。

$$C_i = \frac{d_i^-}{d_i^* + d_i^-}, i = 1, 2, \cdots, m \tag{4-12}$$

4.4 图书新零售中的消费者渠道选择

本章研究以图书零售行业为例，以四家图书零售商为研究对象。零售商A没有线下零售书店，仅仅提供网上销售与服务渠道，同时A没有自营物流设施与配送人员，图书配送业务均由第三方快递公司提供。零售商B同时具有线下实体书店和在线网络平台，但网络下单的图书仅提供BOPS服务，不提供第三方配送服务，ROPO行为是零售商B允许的。零售商C仅有线下设施，只能提供线下图书零售业务。零售商D将线上线下渠道进行整合，提供全渠道图书零售服务，此外D也提供顾客自提或第三方配送服务。

为了分析方便，假设四家零售商的设施能力与销售图书的类型一样。同时，假设消费者基于四个方面的指标来选择零售商购买渠道。本章研究邀请了三名相关专家参与评分，三人分别是行业经验丰富的营销经理、渠道管理行业专家以及从事营销渠道研究的高校教授。三位专家分别对评价指标进行语义变量评分。在本章研究中，感知风险、服务质量体验以及配送服务作为消费者渠道选择的成本指标，而信息可得性作为收益指标，评价指标体系如图4-1所示。

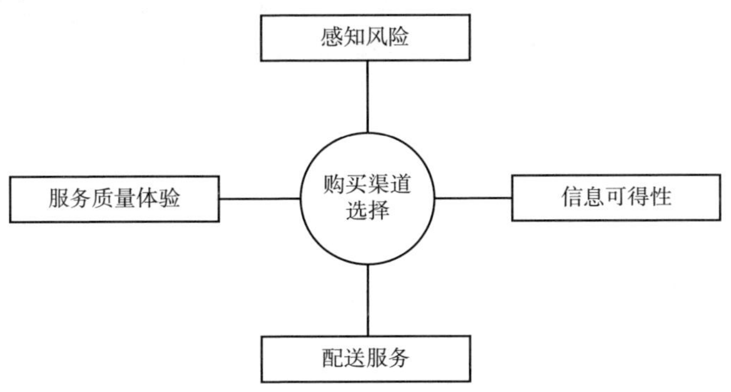

图4-1　消费者渠道选择模糊评价指标

表4-1给出了语义变量及对应的三角模糊数。根据专家给出的指标评价语义变量，将该语义变量转化为对应的三角模糊数。如三位专家都认为该指标为非常重要，则指标的三角模糊数权重为（0.7，0.9，1.0）。

表4-1　语义变量与三角模糊数

语义变量	三角模糊数	语义变量	三角模糊数
很不重要（VL）	（0，0.1，0.3）	非常差（VB）	（0，1，3）
比较不重要（L）	（0.1，0.3，0.5）	差（B）	（1，3，5）
一般重要（M）	（0.3，0.5，0.7）	一般（M）	（3，5，7）
比较重要（H）	（0.5，0.7，0.9）	好（G）	（5，7，9）
非常重要（VH）	（0.7，0.9，1.0）	非常好（VG）	（7，9，10）

根据表4-1，计算专家对于四个指标重要性的语义评价结果，可以获得指标加权模糊权重，具体如表4-2所示。

表4-2　指标权重与加权模糊权重

指　标	指标权重的语义评价结果			加权模糊权重
	D_1	D_2	D_3	
感知风险（c_1^-）	VH	VH	VH	（0.7，0.9，1）
信息可得性（c_2^+）	H	VH	H	（0.5，0.77，1）
服务质量体验（c_3^-）	VH	VH	VH	（0.7，0.9，1）
配送服务（c_4^-）	VL	M	L	（0，0.3，0.7）

三名专家对于四个渠道备选方案（A、B、C、D）每个评价指标的语义评价结果如表4-3所示。

表4-3　四个备选方案的模糊语义评价结果

指标	专家	语义评价结果			
		A	B	C	D
c_1^-	D_1	VG	VG	VG	G
	D_2	VG	VG	M	G
	D_3	VG	VG	VG	G
c_2^+	D_1	M	M	B	G
	D_2	G	M	G	G
	D_3	B	M	M	M

续表

指标	专家	语义评价结果			
		A	B	C	D
c_3^-	D_1	G	G	M	G
	D_2	G	G	G	G
	D_3	M	G	M	G
c_4^-	D_1	M	M	B	G
	D_2	G	M	M	G
	D_3	G	M	B	G

根据公式（4－1）可以获得模糊决策矩阵、标准化模糊决策矩阵以及标准化加权模糊决策矩阵，分别如表 4－4 至表 4－6 所示。

表 4－4　　模糊决策矩阵

指标	A	B	C	D
c_1^-	(7, 9, 10)	(7, 9, 10)	(3, 7.7, 10)	(5, 7, 9)
c_2^+	(1, 5, 9)	(3, 5, 7)	(1, 5, 9)	(3, 6.3, 9)
c_3^-	(3, 6.3, 9)	(5, 7, 9)	(3, 5.6, 9)	(5, 7, 9)
c_4^-	(3, 6.3, 9)	(3, 5, 7)	(1, 3.6, 7)	(5, 7, 9)

表 4－5　　标准化模糊决策矩阵

指标	A	B	C	D
c_1^-	(0.3, 0.33, 0.43)	(0.3, 0.33, 0.43)	(0.3, 0.39, 1)	(0.33, 0.43, 0.6)
c_2^+	(0.11, 0.56, 1)	(0.33, 0.56, 0.78)	(0.11, 0.56, 1)	(0.33, 0.7, 1)
c_3^-	(0.33, 0.48, 1)	(0.33, 0.43, 0.6)	(0.23, 0.54, 1)	(0.33, 0.43, 0.6)
c_4^-	(0.11, 0.16, 0.33)	(0.14, 0.2, 0.33)	(0.14, 0.28, 1)	(0.11, 0.14, 0.2)

表 4－6　　标准化加权模糊决策矩阵

指标	A	B	C	D
c_1^-	(0.21, 0.3, 0.43)	(0.21, 0.3, 0.43)	(0.21, 0.35, 1)	(0.23, 0.36, 0.6)
c_2^+	(0.06, 0.43, 1)	(0.17, 0.43, 0.78)	(0.06, 0.43, 1)	(0.17, 0.54, 1)
c_3^-	(0.23, 0.43, 1)	(0.23, 0.39, 0.6)	(0.16, 0.49, 1)	(0.23, 0.39, 0.6)
c_4^-	(0, 0.05, 0.23)	(0, 0.06, 0.23)	(0, 0.08, 0.7)	(0, 0.04, 0.14)

根据公式（4－7），可以计算得到每个备选方案的 PIS 和 NIS 如下：

$A^* = = \{(0.21, 0.21, 0.21), (1, 1, 1), (0.16, 0.16, 0.16), (0, 0, 0)\}$

$A^- = \{(1, 1, 1), (0.06, 0.06, 0.06), (1, 1, 1), (0.7, 0.7, 0.7)\}$

根据公式（4－8）至公式（4－11），分别测算 PIS 和 NIS 的欧氏距离，如表 4－7 和表 4－8 所示。

表 4－7 备选方案与模糊 PIS 的欧氏距离

备选方案	c_1^-	c_2^+	c_3^-	c_4^-	d_i^*
A	0.14	0.63	0.51	0.14	1.42
B	0.14	0.6	0.29	0.14	1.17
C	0.46	0.63	0.52	0.41	2.02
D	0.24	0.58	0.29	0.08	1.19

表 4－8 备选方案与模糊 NIS 的欧氏距离

备选方案	c_1^-	c_2^+	c_3^-	c_4^-	d_i^-
A	0.69	0.58	0.53	0.61	2.41
B	0.69	0.47	0.61	0.61	2.38
C	0.59	0.58	0.57	0.54	2.28
D	0.62	0.61	0.61	0.50	2.34

最后，根据公式计算每个备选方案的贴近度如下所示：

$$C_A = \frac{2.41}{1.42 + 2.41} = 0.63$$

$$C_B = \frac{2.38}{1.17 + 2.38} = 0.67$$

$$C_C = \frac{2.28}{2.02 + 2.28} = 0.53$$

$$C_D = \frac{2.34}{1.19 + 2.34} = 0.66$$

因此，根据备选方案评分高低排序为：$C_B > C_D > C_A > C_C$。对于购买图书的消费者而言，零售商 B 是最佳选择，其次是零售商 D 和 A，零售商 C 是最差选择。从消费者视角出发，根据模糊 TOPSIS 评价分析，对于图书零售商而言，提供线上线下的混合渠道，并通过跨渠道零售服务（BOPS 与 ROPO）使消费者可以获得更方便和更高效的信息获取与灵活的物流配送服务。而仅仅提供线下零售服务的图书零售商已经不适应新零售模式下消费者的需求。但是，我们也看到，如果没有自有的配送设施与能力，零售商很难保证物流配送的及时性与服务质量，第三方物流难以像自营物流一样为终端消费者提供优质的配送服务体验。因此，自营配送对于面向终端消费人群的新零售厂商而言，是一个很难被竞争对手复制的核心优势。

4.5　本章小结

本章总结了新零售模式下三种重要的渠道类型，包括网络渠道、线下渠道以及跨渠道，梳理了影响消费者进行渠道选择决策的重要因素，通过建立模糊决策模型，应用模糊 TOPSIS 方法来解决决策中的复杂主观判断。本章研究的主要贡献在于，提出了消费者渠道模糊决策的四方面因素并应用模糊决策方法来评价消费者渠道选择行为，有效帮助企业决策者在信息不完全环境下识别消费者渠道选择意愿。

本章研究还为零售从业者提供了面向用户个性化偏好的定制营销与渠道设计策略。本章的研究结果显示，企业提供 BOPS 和 ROPO 服务可以提升消费者的服务体验，并能够吸引潜在消费者光临线下店铺进行咨询、体验与购物。及时的客户响应与可靠的订单履行是零售模式成功的关键。在新零售环境下，相对于单一渠道，消费者更加偏好渠道整合战略。金等（Jin et al.，2010）的研究证明，消费者在企业线下渠道的实际体验不仅影响线下渠道满意度，而且还会影响到消费者对于线上渠道的满意度。陈和程（Chen and Cheng，2013）也认为，线下渠道满意度对于线上渠道的满意度和忠诚度存在间接性的影响作用。零售商对于网络渠道与实体渠道应该同等重视，并且要充分考虑如何把二者融合起来提供多样化的选择，帮助消费者更方便、更快捷地获得需要的产品与服务。

通过模糊决策方法的应用，在一定程度上解决了本章研究中有关不同渠道评价的主观性问题。通过三角模糊数的转化，把定性经验判断转变为量化分析，使决策过程更为科学与合理。在信息系统研究领域，经典的技术接受模型（technology acceptance model，TAM）经常用于分析用户对于信息技术的采纳反应。本章研究通过模糊决策方法的引入，将消费者对于不同类型零售渠道的采纳意愿变成可预测的变量，对 TAM 做了一定的拓展。

本章研究假设不同零售商通过不同渠道销售的产品都是同质的，在此前提下通过四个评价指标的对比来分析消费者对于渠道的选择意愿。但是，零售行业中产品差异化与订单履行的区别对待策略是零售商常用的策略。例如，数字产品的销售不会涉及实体渠道的体验和产品的配送服务过程。以后的研究可以考虑将单一产品渠道选择模型拓展到多产品的渠道选择模型。零售商也应该根据产品特点与顾客对于订单履行的要求调整其营销战略。此外，本章研究也没有考虑零售商的差异化服务策略。亚马逊针对不同类型的客户提供不同的配送服务，客户可以根据服务定价选择不同的快递配送速度——从等待时间较长的免费配送到收费较贵的一天送达服务。以后的研究重点，可以拓展至顾客对于不同类型产品的不同服务需求偏好。显然，当企业可以依靠大数据、人工智能等技术手段的帮助，针对顾客个性化需求来进行服务定制的时候，消费者需求选择的结果以及匹配的渠道设计策略也会随之发生变化。

第5章 新零售模式中顾客快递自提服务使用意愿影响因素研究

5.1 引 言

新零售的发展给人们提供了灵活、便捷、个性化的线上线下整合的购物体验。根据调查显示，在移动购物中，新加坡大部分的技术早期使用者因为其便捷性而选择移动商务（Gilbert and Han，2005；Lee and Whang，2001）。随着移动网络接入技术的发展以及新零售模式下线上线下渠道的进一步整合，越来越多的消费者开始注重跨渠道的服务体验。一些消费者调查和市场分析显示，在电商平台在线购物后，线下的物流服务已经变成了决定消费者是否使用该平台的基础性要素（Morganti et al.，2014）。因此，如果新零售电商平台想要提高服务质量，就必须改善现有的快递服务或者引入一种新的物流解决方案。

此时，一种新型的最后一公里物流解决方案逐渐进入消费者的视野——自提柜服务。在欧洲，装配了门锁的自提点（pick-up points，PPs）和自动包裹站（automated parcel stations，APS）在家庭配送中发展极为迅速。亚马逊提供了一项自提柜服务叫亚马逊储物柜（Amazon locker），京东也采用了自提柜作为“最后一公里物流”问题的解决方案。2019年，京东在《财富》全球500强中位列第139位，成为中国线上线下最大的零售集团，其完善的自营物流网络与强大的供应链管理能力给用户提供了良好的购物体验，在北京、上海、广州等主要城市的社区、写字楼、地铁站等均布局了大量的自提柜。①

在中国，大部分第三方物流公司每天要收集和发出大量的包裹。快递员每天都承受着爬楼梯、敲门、要求收件人签名等重复任务带来的疲劳和压力。为了节省时间，大部分快递员通常会提前指定一个时间段和地点要求客户来领取他们的快递。然而，网上购物的核心优势之一就是消费者的购物时间不受拘束，不用担心网店像实体商店那样会关门，消费者可以在任何时间段进行购物。然而，作为网购的终端环节，取货无法随时进行的话，必然会影响消费者的整体网购体验。比如，当消费者无法抽出时间来取包裹，那么包裹将很可能无法及时送到，这会导致客户对于物流服务甚至对电商平台的不满意。显然，这样的快递服务无法满足消费者的需求。对于网络零售商如何优化送货终端环节成为一个亟待解决的难题。从快递公司的角度来说，如果他们缩短配送时间，减少配送的单位人工成本，同时提高配送效率，提供多样化的配送服务选择，就可以更好地为消费者定制个性化的配送服务并提高消费者满意度。而消费者也希望出现取货时间更加灵活的收取快递的方式。

根据国家邮政局委托第三方机构于 2018 年对中国快递服务满意度进行的调查，智能快件箱投递满意度得分为 86.6 分，服务达到较高水平，远远超过了快递服务总体满意度得分 75.9 分。② 作为电子商务最后一公里问题的解决方案（Xu and Hong，2013），自提柜服务和其他自助服务一样，具有节省时间、易于使用的优点（Meuter et al.，2000）。作为新零售模式中的新兴技术，界定清楚具有何种特质的用户乐于使用自提柜服务，是否存在一些特定情境会影响到消费者对自提柜服务的使用意愿都是值得探究的课题。

通常来说，研究人员将自提柜技术归类为一类自助服务科技（Self-servicetechnologies，SSTs）。本章整合了前人对于个人因素和情境因素的研究，提出了一个社交因素，构成了影响消费者选择新零售自提服务的三因素模型，通过实证数据来研究消费者使用自提服务意愿的相关因素。

---

① 资料来源：京东官网，https://about.jd.com/。

② 资料来源：国家邮政局．邮政局关于 2018 年快递服务满意度调查结果的通告［EB/OL］. http://www.gov.cn/xinwen/2019-02/08/content_5363840.htm.

5.2　相关文献综述

5.2.1　电子商务物流服务

电商平台的激烈竞争，导致电商平台想要保持竞争优势需要切实改变其基础服务，如物流服务模式（Mentzer and Williams，2001）。曼泽尔等（Mentzer et al.，1989）阐述了其对于物流配送服务的理解及其重要性。尹等（Youn et al.，2014）强调了物流服务在电子商务中的重要性。李和黄（Lee and Whang，2001）指出，在电子商务领域中想要保持领先需要有优秀的物流配送支撑。

许多学者对电子商务物流服务进行了研究。王和廖（Wang and Liao，2007）为移动商务的消费者满意度开发了一个测量量表。移动商务中，想让用户从线下渠道转移到线上渠道，电商平台就需要做好物流服务质量的把控（Lu et al.，2011；Maity and Dass，2014；Yang et al.，2015）。卡拉加和阿克恩拉尔（Karaca and Akınlar，2005）开发了一个实时的包裹跟踪系统来提高快递效率。陈等（Chen et al.，2011）研究了电商送货上门服务的用户满意度问题。其他一些研究大部分集中于物流服务质量。帕拉休拉曼等（Parasuraman et al.，1988）引入了一个基础性的测量量表SERVQUAL，来测量服务质量。曼泽尔等（Mentzer et al.，1999）开发了一个测量物流服务质量的专门量表。拉菲克和贾法尔（Rafiq and Jaafar，2007）则针对第三方物流服务质量，通过客户邮件问卷进行了实证研究。随着信息技术在物流领域的不断应用，一些学者开发了新方法来解决最后一公里的物流问题，如无人驾驶车辆参与终端配送（Davidson and Spinoulas，2015；Kamin and Morton，2015），新的自助服务提货机在物流配送中的应用（Fitzsimmons，2003）。这些新的配送解决方案如何影响到消费者的使用意愿，成为本章研究所关注的重点。

5.2.2 新技术接受相关因素

为了研究用户对于新技术的接受程度，帕拉休拉曼（Parasuraman，2000）提出了一个技术准备（technology readiness）的构念。许多研究都基于不同的研究对象使用了技术准备。随后，帕拉休拉曼和科尔比（Parasuraman and Colby，2015）又更新了技术准备的测量指标，以此来适应最新的技术应用，如云计算、移动商务和社交媒体。自提柜服务作为传统送货上门服务的替代服务，和配送人员的送货上门服务存在着显著差异。消费者可以在不和快递员见面的情况下，按照手机接收的取货码自行取货。莫伊特等（Meuter et al.，2005）将SSTs定义为“一个可以给消费者提供不需要员工直接参与的服务的技术界面”。罗莱（Rowley，2006）回顾了前人的研究并提出了对电子服务和自助服务所扮演的角色的理解。在SSTs领域，相当数量的研究聚焦于研究影响自助服务使用意愿的因素。在戴维斯（Davis，1989）提出了技术接受模型（technology acceptance model，TAM）来描述新技术接受之后，一些学者开始使用TAM模型来验证消费者对于新技术的使用意愿（Legris et al.，2003；Tan et al.，2014；Van De Belt et al.，2015）。莫伊特等（Meuter et al.，2000）通过关键事件法验证了消费者满意度的影响因素：易用性和时间节省性。随后，莫伊特等（2005）又研究了个人因素，发现了消费者准备（consumer readiness）可以作为用户使用意愿的调节变量。因此，本章研究将自提柜技术归类为一种自助服务（SSTs）。

除以上个人相关因素之外，其他学者关注于外部环境的情境因素（situational factors）。贝尔克（Belk，1975）发现了情境因素并将其用以描述消费者所面临的实体和社会环境。斯特罗姆伯克和威克菲尔德（Strombeck and Wakefield，2008）指出，情境的变化会影响飞行乘客对于服务质量的评价。这些研究都说明情境因素对于消费者使用意愿是很好的预测因素。相比其他的自助服务，在快递自提服务中，用户通常在电商平台购物下单时就选择了是否使用自提柜服务，而不是在取货的时候再选择服务。而用户决定是否使用自动取款机（ATM）通常取决于在取款机前面有多少人，多长时间才能服务到他们。因此，消费者通常在现场使用自提柜之前就需要做出选择是否使用。因此，以快递自提为对象的自助服务研究需要事先确定使用什么样的情境因素来进行研究。

5.2.3 自助服务与共享经济

自助服务以及共享经济的发展促进了合作消费（collaborative consumption）的产生（Hamari et al.，2016），典型的一些例子如爱彼迎（Airbnb）的共享住宿，摩拜（Mobike）的共享单车，优步（Uber）共享汽车以及P2P共享金融贷款俱乐部（Lending Club）等。这些新创公司被共同贴上了共享经济的标签。共享经济被认为具有合作消费的特征和一种特殊的生活消费观念。一些特定的共享经济活动如共享篮球和共享充电宝，都需要自助服务机器来完成终端交易。莫伊特等（Meuter et al.，2005）认为，使用自助服务需要消费者合作生产（consumer coproduction）。惠特克（Whitaker，1980）认为，消费者合作生产可以成为大众物流服务成功的关键因素。在此之后，消费者合作生产这一概念在很多的新技术应用领域都得到了验证，如虚拟社区、近场通信（NFC）服务等（Etgar，2008；Harrison and Waite，2015；Troye and Supphellen，2013）。

5.3 研究模型与假设

为了探究用户自提柜使用意愿的影响因素，本章研究基于资源配置理论、消费者合作生产理论以及技术准备理论，整合了情境因素、个人因素，并加入了社交因素，从而构建了一个用户自提柜使用意愿的三因素模型，研究了情境因素、个人因素以及社交和社会环境对于用户使用自提柜意愿的影响机制。

在提出假设之前，我们认为自助服务的使用主要受到两种因素的影响——个人因素和情境因素。个人因素由帕拉休拉曼（Parasuraman，2000）提出，这项因素被认为对 SSTs 的接受性具有很强的解释力。情境因素则由贝尔克（Belk，1975）提出，用来解释用户在面对实体情境或者社会情境时的行为。此后，科利尔等（Collier et al.，2015）也使用情境因素来解释 SSTs 的接受程度。根据他的观点，消费者所面临的情境会对消费者完成任务的难度大小产生影响。朱等（Zhu et al.，2007）指出，不管是个人因素还是情境因素都会对消费者的使用态度产生很强的直接影响。达布霍尔卡等（Dabholkar et al.，1996）则证实了用户对 SSTs 的态度会直接影响到用户的使用意愿。因此，本章研究假设个人因素和情境因素都是用户对于 SSTs 使用意愿的关键影响因子。

5.3.1 资源配置理论

资源配置理论（resource matching theory）被用来解释如何优化用户的认知资源来完成特定任务（Anand and Sternthal，1990）。该理论假设消费者的认知资源是有限的，当消费者心理上的认知资源和任务匹配的时候，此时任务效率达到最优，可以产生最好的结果。用户认知资源过多或过少都会影响到用户完成任务的表现。

朱等（Zhu et al.，2007）和科利尔等（Collier et al.，2015）都在 SSTs 研究中使用了资源配置理论。朱等（2007）指出，SSTs 界面设计会影响到用户的认知负担。科利尔等（2015）认为，其他的情境因素也会像 SSTs 界面设计一样对于用户的认知负担产生影响，同时自助服务机器的周围环境也会分散用户的认知资源。例如，如果用户距离自提点有很长一段距离，那么用户就需要花费额外的努力来进入自提点，此时用户自助取货的难度就提升了。另外，用户感受到的时间压力也有可能会对用户的认知资源产生一定的影响。当用户时间紧张时，分配给某项特定任务的认知资源可能会不够，从而可能会影响其行为。

（1）位置便利。位置便利（location convenience）被用来解释消费者使用

SSTs 时的感知时间压力（Collier et al.，2015）。琼斯等（Jones et al.，2003）检验了顾客满意度和位置便利之间的关系。鉴于自提柜服务和其他自助服务的不同之处，本章研究假设自提柜如果被安装在远离消费者的位置，消费者需要分配与任务难度相匹配的认知资源。如果该自提柜位置距离消费者过远或者难以让用户接近使用，这项自助任务就可能需要更多的认知资源（Anand and Sternthal，1990），所以，我们假设位置便利对于消费者使用自提柜的意愿具有直接和正向的影响。

H5－1：位置便利会正向影响消费者使用自提柜服务的意愿。

（2）感知时间压力。和传统的送货上门服务相比，自提柜服务可以让快递收取的时间更灵活。哈林顿和卡佩拉（Herrington and Capella，1995）发现，感知时间压力会对在超市购物的消费者购买行为产生负向影响。消费者越忙碌，其花在超市购物上的时间将会越少。因此，网络购物成为最受消费者欢迎的选择。基于资源配置理论，感知时间压力会影响消费者的认知资源分配。如果感知时间压力过高，消费者可能无法匹配相应的认知资源来完成该任务（Anand and Sternthal，1990）。在感知时间压力下，消费者可能会认为送货上门并不方便，从而选择其他的可能方式，如自提柜的自助服务。科利尔等（Collier et al.，2015）的研究也证实，感知时间压力会强烈影响消费者对于自助服务的使用意愿。因此，本章研究提出以下的假设。

H5－2：感知时间压力会正向影响消费者对于自提柜服务的使用意愿。

5.3.2　技术准备

尽管新技术会使消费者从中获利，但是消费者在使用新技术的过程中可能会产生诸如沮丧、失望等负面情绪。帕拉休拉曼（Parasuraman，2000）首先提出了技术准备（technology readiness）的框架，他将技术准备定义为“消费者将新技术应用至其工作和生活的倾向”。技术准备具有良好的心理测量学特性。许多学者将其应用在了不同的研究领域（Berry et al.，2010；Kassim and Abdullah，2008；Lwin and Williams，2003；Summak et al. ，2010）。

为了适应新技术的出现，帕拉休拉曼和科尔比（Parasuraman and Colby，2015）对技术准备的量表进行了更新。一些学者则使用了 Technology Readiness Index 2.0（TRI2.0）来测试一些当下的前沿技术，如移动支付、移动社交网络、在线银行服务和其他自助服务（Pietro et al. ，2015；Shin and Biocca，2017；Tam and Oliveira，2017；Zaidi et al. ，2016）。基于技术准备理论，本章研究采用了两个相关变量（创新意识和乐观）来作为测量变量。

（1）创新意识。已有学者使用创新意识（innovativeness）来研究新技术或新产品的使用意愿（Blake et al. ，2003；Chen et al. ，2010；Liu et al. ，2015；Lu et al. ，2011；Parasuraman，2000）。在技术准备中存在四类因素，分别是乐观（optimism）、创新意识、不安全感（insecurity）和不适感（discomfort）。塔库尔和斯里瓦斯塔瓦（Thakur and Srivastava，2015）认为，创新意识会影响消费者对于网购的使用意愿，并对减少网购行为的感知风险产生了积极影响。阿尔达斯—曼萨诺等（Aldás-Manzano et al. ，2009）宣称，创新意识是消费者采用一项新服务的关键特质。因此，本章研究提出了以下假设。

H5-3：创新意识会正向影响消费者对于自提柜服务的使用意愿。

（2）乐观。乐观（optimism）是一个反映人们对于未来预期的个人因素（Carver，2010）。根据埃利亚兹和斯宾格勒（Eliaz and Spiegler，2008）的研究，消费者对于未来的乐观程度直接影响消费者的购买意愿。帕拉休拉曼（Parasuraman，2000）将乐观作为消费者采用新型自助服务的技术准备影响因素中的核心因素。卢等（Lu et al. ，2011）认为乐观是消费者准备的一个强力的驱动因素，并发现乐观和使用意愿具有很强的相关关系。因此，本章研究提出了以下假设。

H5-4：乐观会正向影响消费者使用自提柜服务的使用意愿。

在技术准备的四种类型因素中，不适感和不安全感没有通过本章研究所进行的旋转矩阵主成分分析。我们认为，这很可能是因为在自提柜取货的行为并没有涉及金钱交易，消费者对于采用这项自助服务的不适感和不安全感相对不敏感。据此，本章选择了技术准备的两类因素，即创新意识和乐观。

5.3.3 消费者合作生产理论

不同于技术准备因素，莫伊特等（Meuter et al.，2005）证实，消费者准备（consumer readiness）是使用自助服务的关键因素。消费者准备是指消费者进行准备或者倾向于第一次尝试新技术的时间阶段或者进程状态。拉夫洛克和杨（Lovelock and Young，1979）首次提出了消费者合作生产的概念。例如，在快递服务中，消费者逐渐开始使用自提柜服务来替代传统的送货上门方式。这个趋势改变了服务提供商和消费者之间的交互方式（Vargo and Lusch，2004）。作为消费者特征的集合，消费者准备可以分为角色清晰度（role clarity）、动机（motivation）和能力（ability）。角色清晰度作为一个消费者准备的预测因子，被证实对于消费者合作生产具有巨大的影响（Meuter et al.，2005）。他们认为，服务中的人际交往会阻碍消费者采用自助服务，并且认为自助服务中出现了消费者合作生产行为。新自助服务的使用使得消费者更频繁地出现新行为，这也加速了消费者社会化的进程（Meuter et al.，2005）。之前的研究揭示了工作背景下消费者社会化活动的本质，并发现消费者社会化会改变消费者对于自身角色的感知（Anakwe and Greenhaus，1999）。兰吉尔德等（Langeard et al.，1981）指出，消费者可以成为企业生产的关键角色。莫伊特等（2005）认为，消费者合作生产模式可以提高公司生产效率。因此，消费者合作生产模式带来了服务提供商和消费者交互方式的改变，这也可能对社会环境造成一定的改变。根据帕拉休拉曼和科尔比（Parasuraman and Colby，2015）的研究，社交环境可以成为消费者接受一项自助服务的驱动因素，许多研究者基于此讨论了社会化和消费者合作生产对于社会的影响（Benoit et al.，2016；Kim and Drumwright，2016；Zhang and Xiao，2017）。

本章研究提出人际交往需要（need for human interaction）作为一个社交

因素来区别于情境因素和个人因素。兰吉尔德等（Langeard et al.，1981）和比特纳等（Bitner et al.，1990）检验了人际交往需要是服务接触的一个重要因素。许多学者在SSTs中验证了人际交往需要。莱丁海姆（Ledingham，1984）进行了一项基于视频服务的实验，发现企业使用视频服务并不能补偿消费者在自助服务中所缺少的人际交往。而在自提柜服务这项特定自助服务中，我们需要知道人际交往是否会阻碍用户使用该服务。作为消费者特征的一种类型，人际交往需要往往用于解释消费者行为（Lee and Lyu，2016），并经常被作为一个调节变量来解释用户从一个渠道转移到另一个渠道（Aslanzadeh et al.，2014）。消费者特征，如一些线下特征，被认为是用户使用意愿转移的阻碍因素（Lu et al.，2011）。与之类似，快递的送货方式从送货上门转移到自提柜服务，可以被认为是一项使用习惯的转移。另外，人际交往需要被认为是可以解释消费者采纳新技术的影响因素之一（Meuter et al.，2005）。对人际交往的需求程度较高往往会降低使用自助服务的意愿（Dabholkar et al.，1996）。帕拉休拉曼和科尔比（2015）进行了一个两阶段实验，发现社会因素是新技术采纳的重要驱动因素。基于此，本章研究提出了第五个假设。

H5－5：人际交往需要会对消费者使用自提柜服务意愿产生负向影响。

因此，本章研究提出的理论模型如图5－1所示。

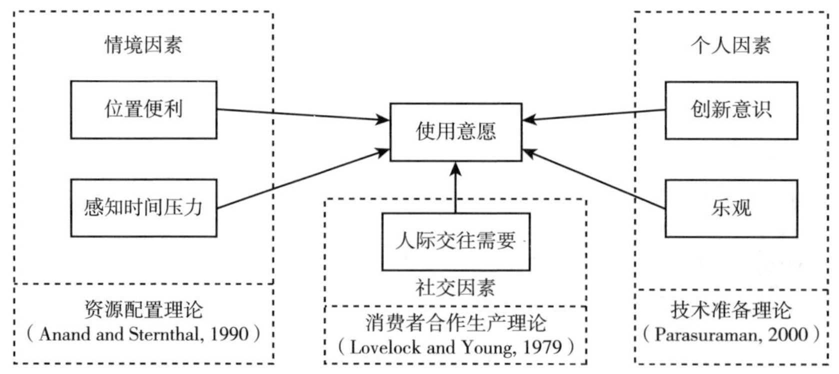

图5－1 消费者快递自提服务使用意愿影响因素研究模型

5.4　研究设计

5.4.1　研究基本设定

本章的研究对象为中国网络零售平台所提供的自提柜服务，如京东等企业在各大城市建设的线下快递自提柜。选择中国网络零售的主要原因在于以下两点。

第一，近年来中国网络购物市场发展快速，但出现了大量的物流“最后一公里问题”。相比欧洲和美国，中国在网络零售的快递服务上具有一些独特特征，例如，每天都存在大量的快递订单，对劳动力的过度需求以及包裹处理的相对低效率等问题。因此，包裹的平均处理时间长于消费者的预期，并且大多数快递员正在承受着超负荷的工作强度。

第二，京东因其强大的自营快递服务系统而具有较为明显的竞争优势。这些网络零售平台的自提柜终端已经分布在中国各大城市的人流密集区域。但是，自提柜是否真正成为解决网络零售快递服务“最后一公里”问题的合适解决方案？对这一问题的探索是本章研究的动机所在。

5.4.2　量表开发

基于之前的假设，本章研究使用调查问卷来验证模型效度，通过问卷网站进行线上调查。其中，具有良好的信度和效度的测量项被保留下来。由于这些测量量表均为英文，我们先将其翻译成了中文。为了保证翻译的准确性，我们使用了译文回译的方法。对测量量表，本章研究针对自提柜服务进行了部分修改以此来适应调查内容。在完成问卷草稿之后，我们邀请了一些具有网购和自提柜使用经验的用户以及若干物流领域的专家来审查问卷。根据反馈，我们又对问卷的问题进行了逐一修改。

最终问卷由两部分组成：第一部分包含了回答者的人口统计信息；第二

部分则是受访者对于题项同意程度的测量项。在这些题项中，本章引入了科利尔等（Collier et al.，2015）的三个题项来测量位置便利。本章使用了斯特罗姆伯克和威克菲尔德（Strombeck and Wakefield，2008）及科利尔等（Collier et al.，2015）的两个题项来测量感知时间压力。对于新科技的创新意识本章则采用了来自克雷斯波和博斯克（Crespo and Bosque，2008）以及卢等（Lu et al.，2011）的三个题项。新技术的使用意愿则使用了莫伊特等（Meuter et al.，2005）和陈等（Chen et al.，2011）的三个题项。位置便利、对于新技术的创新意识、人际交往需要和乐观均使用李克特五点量表，1 表示完全不赞同，5 表示完全赞同。为了可以更准确地测量感知时间压力，本章使用李克特七点量表，其中 1 表示完全不赞同，7 表示完全赞同。所有的测量项均来自已有文献，具体的参考文献来源如表 5－1 所示。

表 5－1　　测量题项与文献来源

因子	测量项	参考文献来源
位置便利（LOC）	LOC1	Collier et al.（2015）
	LOC2	
	LOC3	
感知时间压力（TIME）	TIME1	Strombeck and Wakefield（2008），Collier et al.（2015）
	TIME2	
人际交往需要（HUM）	HUM1	Lee and Lyu（2016）
	HUM2	
创新意识（INN）	INN1	Crespo and Bosque（2008）
	INN2	
	INN3	
乐观（OPT）	OPT1	Parasuraman（2000），Lu et al.（2011）
	OPT2	
	OPT3	
使用意愿（BI）	BI1	Meuter et al.（2005），Chen et al.（2011）
	BI2	
	BI3	

具体问卷如下所示。

（1）使用意愿。

- 我曾使用自提柜成功接收过快递包裹。
- 我会在未来使用自提柜服务。
- 我会推荐朋友或他人使用自提柜服务。
- 我会对他人说自提柜服务的好处。

（2）位置便利。

- 对选择自提服务来说，自提点位置的方便性是重要的。
- 自提点在一个方便的位置会使我使用自提服务的感觉更舒服。
- 自提点是否在便于进入的位置会影响我是否使用自提服务。

（3）感知时间压力。

在我平时的生活中，我经常感觉到：

- 生活节奏非常快—生活节奏非常慢。
- 时间非常空闲—时间非常不够用。

（4）对新技术的创新意识。

- 如果我听说了一项新的信息技术，我会想办法去体验它。
- 在我认识的人当中，我通常是第一个去尝试新的信息技术的人。
- 我喜欢去尝试新的信息技术。

（5）人际交往需要。

- 向客户提供服务的时候，面对面的人际交流会使得这个过程更有意思。
- 我喜欢与服务人员面对面交流。

（6）乐观。

- 技术会使得人们更加容易掌控自己的生活。
- 使用新技术的产品和服务会让使用更方便。
- 我喜欢通过电脑做事，因为这样会使我的工作时间更有弹性。

5.4.3 数据收集

本章研究问卷在问卷星网站（https：//www. sojump. com）注册，并通过论坛和社交网络传播，如问卷星互助回答社区、微信等。数据收集历时一个月时间，总共完整回收 309 份问卷。我们将问卷填写时间过短的问卷视作无效问卷。因此，共筛选出 28 份无效问卷，剩下 281 份有效问卷。调查样本由 112 个男性和 169 个女性组成。样本中存在 0.7% 的受访者小于 18 岁，44.5% 的受访者年纪在 18 ~ 24 岁，31% 的受访者年纪介于 24 ~ 30 岁，并有 23.8% 的受访者年龄大于 30 岁。教育程度方面，67.3% 的受访者由大学生构成，18.1% 的受访者有硕士及以上学历。表 5 – 2 显示了具体的受访者人口统计特征。

表 5 – 2　　调查样本人口统计特征

项目	选项范围	频数	百分比（%）
性别	男	112	39.9
	女	169	60.1
年龄（岁）	<18	2	0.7
	18 ~ 24	125	44.5
	25 ~ 30	87	31.0
	>30	67	23.8
学历	高中及以下	9	3.2
	专科	32	11.4
	本科	189	67.3
	硕士及以上	51	18.1
职业	公司员工	122	43.4
	公务员	14	5.0
	教师	29	10.3
	学生	108	38.4
	其他	8	2.8
月收入（元）	<1000	77	27.4
	1000 ~ 2999	51	18.1
	3000 ~ 5000	87	31.0
	>5000	66	23.5

5.5　数据分析和假设检验

5.5.1　测量模型

在测试阶段，本章研究初始采用了技术准备的所有四个测量变量，但是其中两个变量，即不适感和不安全感在效度测试中均未通过检验，结果展示见表5-3。帕拉休拉曼（Parasuraman，2000）将不适感定义为“一种对于科技缺少控制力的感受”，将不安全感定义为“对利用科技完成工作的能力的怀疑和不信任”。本章认为这两个变量失败的原因可能在于，自提柜服务需要消费者先在个人手机上获取验证码然后才能提取包裹，不涉及他人参与、货币交易以及信息暴露，整个过程相对安全；同时，自提柜通常具有比较人性化的人机互动引导而易于操作，自提柜自助服务的流程安全而简捷。因此，本章研究认为，自提柜取货过程中没有涉及货币交易和个人隐私是用户对于这两个变量不敏感的原因。因此，本章研究在模型中采用了技术准备的另外两个变量——乐观和创新意识。

表5-3　预实验效度测试

题　项	组成成分						
	1	2	3	4	5	6	7
位置便利（LOC）							
LOC 1	**0.8610**	0.2200	-0.055	0.0670	0.1260	0.0610	-0.0500
LOC 2	**0.7970**	0.2770	-0.0370	0.0720	0.1020	0.1050	0.0340
LOC 3	**0.8090**	0.1910	0.1350	-0.0490	0.0100	0.0180	0.1140
感知时间压力（TIME）							
TIME 1	-0.1040	0.2440	0.0720	0.0930	-0.0050	**0.8230**	0.0250
TIME 2	0.3260	-0.0640	-0.0650	0.0310	0.1640	**0.7590**	-0.0280
创新意识（INN）							

续表

题　项	组成成分						
	1	2	3	4	5	6	7
INN1	0.3430	0.2190	0.0600	0.0150	**0.7870**	0.1160	-0.0450
INN2	-0.0770	0.1760	0.0390	0.2880	**0.7880**	0.0710	0.2020
INN3	0.0810	0.0040	0.1010	0.0330	**0.7890**	-0.0020	0.9640
人际交往需要（HUM）							
HUM1	0.0810	0.1340	0.1850	**0.8690**	0.0950	0.0990	-0.0080
HUM2	-0.0110	0.1170	0.2340	**0.8560**	0.1720	0.0360	0.0600
乐观（OPT）							
OPT1	0.2720	**0.6450**	0.2030	0.0320	-0.1360	-0.2740	-0.2350
OPT2	0.2290	**0.6760**	0.0850	0.2000	-0.1050	-0.3190	-0.1710
OPT3	0.3320	**0.6160**	0.0430	-0.1400	-0.1870	-0.2930	-0.1890
不适感（DIS）							
DIS1	0.0080	0.3410	0.1180	0.1350	0.0730	0.0580	**0.7210**
DIS2	-0.0350	0.2590	0.0970	0.1920	0.0650	0.2290	**0.7270**
DIS3	0.0430	0.1890	0.0510	0.0150	0.2930	-0.0210	**0.7540**
不安全感（INS）							
INS1	-0.1330	0.0810	-0.3970	-0.1470	0.0660	-0.0650	**0.7170**
INS2	-0.1770	0.1520	-0.4410	-0.0850	0.0630	-0.2210	**0.6930**
INS3	-0.1880	0.1750	-0.4960	-0.0400	0.0160	-0.1300	**0.6720**

对模型进行检验之前，我们首先检验了本章的测量模型，通过信效度分析来考察量表，本章排除了三个题项。表5-3和表5-4说明了问卷的信效度。保留题项的Cronbach's α 系数值范围为0.759~0.855，均显著大于最低值0.7，表明问卷具有很好的信度（Nunnally and Bernstein，1994）。

表5-4　　题项信度分析

题　项	Cronbach's α 系数	因子载荷	T值
位置便利（LOC）	0.778		
LOC1		0.9050	17.4435
LOC2		0.8950	12.8278
LOC3		0.8040	9.1257

续表

题 项	Cronbach's α 系数	因子载荷	T 值
感知时间压力（TIME）	0. 759		
TIME1		0. 9120	1. 5100
TIME2		0. 9230	1. 9009
人际交往需要（HUM）	0. 799		
HUM1		0. 8980	12. 9412
HUM2		0. 9340	15. 4728
创新意识（INN）	0. 739		
INN1		0. 8670	13. 4544
INN2		0. 7950	8. 7533
INN3		0. 8630	13. 0719
乐观（OPT）	0. 772		
OPT1		0. 8330	20. 6363
OPT2		0. 8460	16. 6150
OPT3		0. 7820	15. 6550
使用意愿（BI）	0. 773		
BI1		0. 8740	20. 9190
BI2		0. 8660	19. 2645
BI3		0. 9000	23. 1848

本章研究选择偏最小二乘法（partial least squares，PLS）来验证本章的模型。和其他方法相比，PLS 具有一些特定的优势，如对样本规模、原始数据分布等方面的限制更小（Hair et al.，2012；Urbach and Ahlemann，2010）。本章研究使用了 Smart PLS 3. 0 的 Bootstrapping 功能来验证本章的模型。

模型结果表明，适合性检验（Kaiser-Meyer-Olkin）的值为 0. 823。基于凯泽和莱斯（Kaiser and Rice，1974）的理论及巴氏球面性检验（Dziuban and Shirkey，1974），所有的留存项均符合要求。6 个组成项目的解释总方差比为 77. 159%。在表 5 – 5 中，所有题项都和相关题项关系较大而与其他题项关系较小。题项的因子载荷处于 0. 631 ~ 0. 911。第一个构念为位置便利，第二个构念为使用意愿，第三个构念是创新意识，第四个为乐观，第五个为人际交往需要，最后一个为感知时间压力。

表 5-5　　　　筛选题项后旋转矩阵的主成分分析

题　项	组成成分					
	1	2	3	4	5	6
位置便利（LOC）						
LOC1	**0.8690**	0.1520	0.1000	0.1640	0.0280	0.0240
LOC2	**0.8230**	0.1520	0.1120	0.2130	0.0460	0.0360
LOC3	**0.8000**	0.1080	0.0250	0.1530	0.0170	0.0960
感知时间压力（TIME）						
TIME1	0.0420	0.0270	0.0830	0.1150	0.0610	**0.9060**
TIME2	0.0900	0.0690	0.0340	0.0130	0.0270	**0.9110**
人际交往需要（HUM）						
HUM1	0.2160	0.1980	**0.7830**	0.2180	0.0020	0.0840
HUM2	0.1080	0.1920	**0.7680**	0.0710	0.2760	0.0540
创新意识（INN）	0.1530	0.1300	**0.8230**	0.1460	0.1640	0.0620
INN1						
INN2	0.0770	0.0640	0.1770	0.1220	**0.8830**	0.0440
INN3	0.0320	0.1940	0.1570	0.1010	**0.8760**	0.0110
乐观（OPT）						
OPT1	0.2540	0.2260	0.0770	**0.7390**	0.1480	0.1560
OPT2	0.2480	0.3470	0.1340	**0.6310**	0.1890	0.1030
OPT3	0.1610	0.1560	0.2500	**0.7820**	0.0170	0.0350
使用意愿（BI）						
BI1	0.2670	**0.6720**	0.1590	0.4050	0.1150	0.0160
BI2	0.1290	**0.8530**	0.1830	0.1670	0.0970	0.0270
BI3	0.1470	**0.8360**	0.2250	0.1990	0.1410	0.0750

5.5.2　结构模型

完成测量模型检验之后，我们开始研究结构方程模型的路径系数以及相

应的 T 值、R^2 方等。结构模型结果如图 5－2 所示。情境因素（位置便利）和个人因素（乐观和创新意识）的结果与假设均保持一致。社交因素（人际交往需要）对消费者使用自提柜服务的使用意愿具有显著的正向影响。感知时间压力对消费者使用意愿的影响作用不明显。因此，结果不支持假设 H5－2 和 H5－5。

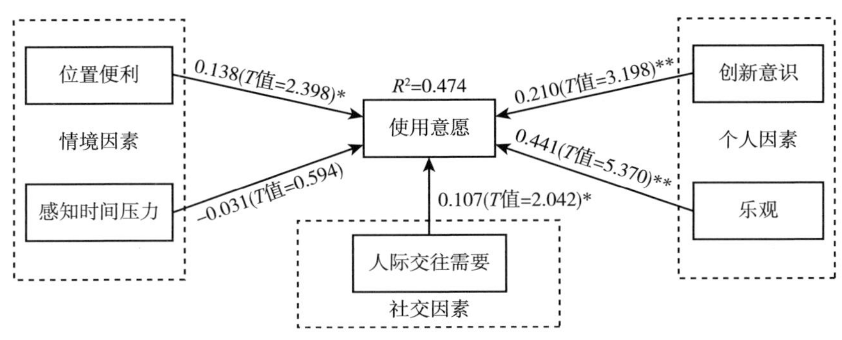

图 5－2　结构方程模型结果

注：* 表示 $p<0.05$，** 表示 $p<0.01$。

模型结果显示，唯一的情境因素（位置便利）对消费者使用自提柜服务具有显著的正向影响。但是，感知时间压力和消费者使用意愿没有显著的相关关系。在这一点上，和科利尔等（Collier et al.，2015）得出的研究结论相反。

和情境因素的表现相比，个人因素显示出了与消费者使用意愿之间显著的相关性。创新意识和乐观都对消费者使用自提柜服务的意愿具有正向影响作用。本章研究和帕拉休拉曼（Parasuraman，2000）以及卢等（Lu et al.，2011）关于个人因素部分得出的结论相同，这也表示出创新意识和乐观都是消费者接受新技术的驱动因素。

最后，模型中的社交因素（人际交往需要）对消费者自提柜使用意愿具有显著的正向影响。但与之相反的是，李和吕（Lee and Lyu，2016）使用了人际交往需要作为其模型中的调节变量，该变量在其模型中对于消费者的功利态度和享乐态度均产生了负面影响。我们的研究结论与之相反。

5.6 本章小结

本章内容聚焦于消费者对于自提柜自助服务使用意愿的影响因素，整合了情境因素、个人因素，并提出了新的社交因素，通过受访者的问卷调查数据进行了结构方程模型分析和建设检验。

5.6.1 理论意义

基于资源配置、消费者合作生产和技术准备理论，本章研究提出了一个集成的三因素模型来解释消费者对于自提柜自助服务使用意愿的作用因素。

从情境因素的角度来说，本章研究发现自提柜的位置便利会对消费者的使用意愿产生积极影响。因此，本章研究补充了以往的相关研究结论，即位置便利会对消费者使用自助服务的态度产生积极影响。这一发现说明，在新零售情景下，电商零售平台应该高度重视自提柜设置位置的便利性以及其可进入性。位置便利是消费者在考虑使用哪一种快递服务时所关注的重要因素之一。如果自提柜距离消费者的位置过远，或者对于消费者来说难以发现或难以到达，那么消费者可能就会选择替代的取货服务方式。但是，如果自提柜安装在消费者下班回家的路上或者就在其居住的社区中，可能会显著提高消费者使用这一服务的意愿。与此同时，感知时间压力在科利尔等（2015）的研究中并不显著。在本章的模型结果中，显示感知时间压力与消费者使用意愿并无特定关系。

在个人因素方面，创新意识和乐观被证实与使用意愿具有强烈的关联。这一结果与帕拉休拉曼（2000）以卢等（2011）的研究结果一致。具有创新意识和乐观特质的人们倾向于接受新技术，他们会更加乐于使用包裹自提服务。这个结果可能与消费者群体也有关系。本章研究的调查样本中76.2%的受访者年龄低于30岁，一般而言，相对年轻化的群体通常被认为熟悉电子设备的使用且乐于接受新技术。

但是，本章研究发现，社交因素对于消费者使用意愿的影响作用与李和吕（Lee and Lyu，2016）的研究结论不同。人际交往需要对于消费者自提柜服务的使用意愿具有显著的正向影响。原因可能在于，与以往研究的银行服务相比，送货上门服务并不具有与快递员进行足够互动的机会。自提柜服务作为一项替代服务，消费者对于包裹提取中服务沟通的需要不像他们在银行服务中与柜台服务人员进行沟通的需要那么强烈。因此，人际交往需要并不会对消费者使用自提柜服务产生显著的负向影响（Yang et al.，2015；Zhu et al.，2007）。

总而言之，本章研究了个人因素、情境因素和社交因素对于消费者采用自提柜服务的影响作用。模型的实证结果表明，个人因素对于模型的解释力好于情境因素。但是，这并不意味着情境因素不能很好地解释消费者行为。另外，本章研究还发现，社交因素对于消费者自助服务的使用意愿具有正向作用，而之前的研究认为社交因素会对用户使用自助服务产生阻碍。

5.6.2 实践意义

本章研究对于新零售环境下快递服务提供商和电商零售平台具有重要的实用价值，激励他们深入挖掘消费者需求，设计更为人性化、智能化的自提柜自助服务。

本章研究证实了在自助服务领域需要考虑的影响消费者服务决策的重要因素。首先，创新意识和乐观被发现是最具影响力的变量。个人因素比情境因素和社交因素具有更好的解释力。因此，快递服务提供者可以根据消费者个人数据进行大数据分析，优化标准化的服务模式，并根据个人消费者的偏好通过个性化服务定制来满足特定需求。另外，快递服务提供商或电商平台可以将其资源主要集中于某个特定的消费者群体来提升其服务体验以实现精准的定制服务，通过有经验的使用者口碑传播来实现新用户的“拉新”，并不断提高用户对服务质量的满意度。其次，应用新技术来不断满足消费者对于人际交往的需求。优化自提柜设计，提供更加人性化的操作界面，以及最新的人机交互技术如人工智能、虚拟现实等满足用户的人际交往需求。例如，自提柜可以通过虚拟现实技术提供智能服务，向顾客介绍整个取货流程，指导用户进行操作，并回答用户的常见问题（frequently asked questions, FAQs）。最后，自提柜设置的位置需要进行精心设计。琼斯等（Jones et al., 2003）认为，便利的位置不会影响消费者在传统服务中的二次购买意愿。而在自助服务里，设施位置对于消费者使用自提柜的意愿具有间接的影响（Collier et al., 2015），本章研究同样支持了这一结论。快递服务提供商或者电商平台可以在写字楼通道、社区主入口、城市公共交通枢纽周围，如地铁或者公交站等人流量较大的区域来建设更多的自提柜服务装置，也可以跟无人零售店、自动售货柜等新零售终端结合起来同步建设。

莫伊特等（2000）将自助服务定义为“一个提供间接服务的科技界面”。阿尔巴等（Alba et al., 1997）认为，信息搜索和选择比较功能均可以加入网购中。以前的研究提供了很多优秀的自助服务界面设计取得良好的营销反馈的案例（Coyle and Thorson, 2001; Zhu et al., 2007）。很多研究者都认为，自助服务应该提供信息完全的服务。本章研究发现，设计的人机交互界面中信息如果过于繁杂，会导致用户完成取货的任务变得更复杂，需要的认知资源更多，消费者就很难关注到自提柜上的终端广告。目前，自提终端上的广告投放是弥补自提柜运营业务投入的主要盈利来源之一。作为自助服务交互界面设计的一个重要部分，如何优化终端的广告投放，从而精确控制消费者在使用自助服务过程中所需要的认知资源，从而影响消费者的使用意愿，成为自提服务运营商面临的一个重要问题。

另外，从现状来看，中国的自提柜服务市场已经进入了一个整合阶段。竞争在未来会变得更加激烈。拥有成功的盈利模式对服务提供商来说变得非常重要。一批最早进入市场的自提柜服务提供商由于盈利模式的匮乏，正在面临服务运营带来的巨额亏损。随着共享经济的发展，自提柜可以作为平台提供更多的增值服务。优步（Uber）集团旗下的一家提供O2O外卖业务的公司Uber EATS，其平台上兼职送货员前往客户下订单的目标餐厅取货然后送货上门。该服务就可以使用自提柜作为载体，快递员将食物放置于自提柜中，由客户自行取货。这种方法可能会提高兼职快递员的送货效率，节省送货平均时间。而对于自提柜服务提供商而言，增值服务可能是一个和共享经济企业合作并获取用户使用费的新盈利模式，与此同时也可以有效减少自提柜的空箱率。

综上所述，快递服务提供商或者电商零售平台应该更加集中其市场资源，根据消费者特征加强定制服务的开发。同时，加强服务的交互性设计，合理选址对于扩大自提柜使用群体和提高用户使用体验都具有重要意义。服务提供商应该进一步优化广告运营，使得用户浏览广告所需认知资源与取货所需认知资源达到平衡。最后，自提柜服务提供商应该考虑与共享经济公司开发更广泛的合作，通过向用户提供更多的增值服务，增加自提柜运营收入并获取更多的客户资源，从而建立可持续发展的成功商业模式。

5.6.3　未来研究方向

本章研究整合了情境因素和个人因素，并加入了新的社交因素，构建了一个三因素模型以解释新零售用户对于快递自提服务的使用意愿。我们通过问卷调查方法来收集数据，并使用偏最小二乘法来验证模型。结果显示，个人因素比情境因素具有更好的解释力，创新意识和乐观对消费者的使用意愿具有强烈影响。但是引入的两个情境因素对使用意愿的影响不尽相同。位置便利对于使用意愿产生了显著的正向影响，感知时间压力则不产生显著影响。本章研究发现人际交往需要对消费者使用意愿具有正向影响。

本章研究由于问卷调查对象的局限，未来可以延伸至其他的自助服务领域，如智能服务台和个性化推荐。本章研究的样本中年轻人比例较大，如果扩大样本的其他年龄段，可能会对消费者使用该服务的使用意愿产生不同的结果。本章研究结论揭示了人际交往需要的影响作用，未来研究可以使用其他的社交因素和新量表来研究消费者对于自助服务的使用意愿。

第6章　新零售模式中顾客特征对在线评论有用性的影响研究

6.1　引　　言

新零售所提供的全渠道服务，使得消费者在制定购买决策前，通过线上信息检索和浏览，可以获得供应商提供的产品或服务的质量与价格等信息、第三方机构发布的产品评测与比较信息，以及该产品或服务的已购买用户所发表与分享的内容，即用户生成内容（user generated content，UGC）（Mackiewicz and Yeats，2014）。在新零售领域中的UGC，主要包括用户撰写与分享的产品或服务质量评价、服务体验以及心得体会等内容，通常表现为在各类网络零售平台或第三方评论网站上的在线评论（Bahtar and Muda，2016）。

传统口碑以消费者通过口耳相传的方式为某产品或服务做宣传，通常是在亲朋好友之间相互交流。随着信息技术的飞速发展，在线口碑应运而生，信息传播的方式由线下转为线上，传播的渠道也各不相同。查特吉（Chatterjee，2001）认为，在线评论是消费者借助告示栏等平台，相互交流产品与服务等相关的信息，这些信息被称为在线评论（online review）。在新零售模式下，购买产品或服务的消费者分享自身经历和体验，大量的在线评论信息积累下来，形成了影响潜在消费者购买决策行为的网络口碑（Erkan and Evans，2016；Park and Lee，2009）。

旅游产品作为在线销售的一类重要产品，在线评论在消费者购买决策过程中起到了重要作用（Tsaur et al.，2014；Ye et al.，2014）。猫途鹰（TripAdvisor. com)、Yelp. com 等网站是旅客出行前获取目的地相关信息的重要途径（Yang et al.，2017）。一般交易流程包括：消费者通过在线搜索与评论浏览，进行在线购买或预订，然后到线下酒店或景区获得服务交付并进行服务体验，最后部分消费者会返回线上进行在线评论与评分（Bai et al.，2018）。在整个交易过程中，消费者的跨渠道行为是普遍存在的，线上的信息获取有利于降低体验型产品的不确定性（Liu et al.，2015），通过自身的服务体验进行评论信息分享帮助其他消费者做出更好的决策（Kusumasondjaja et al.，2012）。

评论者对评论内容的权威性和可靠性有着直接的影响作用。很多消费者不愿浪费时间认真评论，导致评论没有实质性内容；部分吹毛求疵的消费者往往会发布不实的负面评论信息；还有相当部分的评论是来自专业写手或机器人的虚假评论信息。已有研究认为，信息源如果具有很高的可靠性，获得该信息的搜寻者会更加愿意信任这一信息（Harmon and Coney，1982）。如果信息来源于那些具有与产品相关的专业知识、经验与技能的专业人士，那么他们将会对其他信息搜寻者的决策过程产生重要影响（Gilly et al.，1998），他们也往往会成为平台上的意见领袖（Zhu et al.，2014）。

在评论有用性（review helpfulness）的相关研究中，很少有学者全面考虑了评论者的特征信息，尤其是在线旅游评论领域，还比较缺乏对评论者身份信息披露和专业知识展示的系统研究。因此，本章结合 Tobit 回归模型与人工神经网络，深入研究了评论者属性对评论有用性的影响，并揭示了不同的评论者属性对评论有用性的影响权重。本章主要探讨了以下两个方面的问题：（1）评论者身份信息披露是否会影响评论有用性的投票？（2）评论者的专业知识展示是否会影响评论有用性的投票？

6.2　相关文献综述

6.2.1　在线评论有用性

随着 UGC 累积的在线评论信息越来越丰富，为了尽可能地减少对所购产品的信息不对称，消费者在做出购买决定之前会先浏览和阅读在线评论信息（Fang et al.，2016）。在线评论信息成为消费者越来越关注的信息源（秦海菲和杜军平，2018）。另外，在线评论对在线销售有着重要的影响，评论分数的提高往往会带来网上销量的增加（Liu and Park，2015）。叶等（Ye et al.，2011）发现，在线评论水平和房间价格是预测在线客房销售的重要因素。韦尔穆伦和西格斯（Vermeulen and Seegers，2009）研究了在线酒店评论对消费者消费决策形成的影响，发现在线评论可以提高消费者对酒店的认知度，并帮助旅游者做出购买决策。

就旅游产品而言，众多的消费者愿意通过社交网络和在线旅游平台来发布他们的体验和意见（Kusumasondjaja et al.，2012）。近些年，旅游网站的消费者评论数量呈爆炸式上涨。例如，TripAdvisor 作为最受欢迎的旅游网站之一，其主页上显示了 5 亿多条旅游评论和推荐信息，并每天新增 20 多万条评论。最近的行业数据显示，大约 53% 的消费者在阅读酒店在线评论之前不会预订，77% 的潜在消费者在选择酒店之前会阅读评论（Lui et al.，2018）。学者们研究了在旅游决策过程中在线评论的作用。

但是，当消费者面对着各大平台上的海量评论信息时，如何才能迅速找到能够帮助他们进行高效决策的有用评论将是一个现实的难题。因此，评论有用性的识别是消费者的迫切需求，相关的研究也越来越受到学者们的关注。穆旦比和舒夫（Mudambi and Schuff，2010）等将评论有用性定义为“已购买商品的消费者所做出的商品评价内容，能够在多大程度上帮助潜在消费者做出正确的购买决策”。另外，有些文献使用了有效性（Cheung and Thadani，2012）、价值性或者劝说能力（Schlosser，2011）等概念来表示在线评论对消费者的帮助程度。同时，许多电商平台通过不断完善网站的功能，以减轻消费者的信息认知压力，为评论有用性的识别提供工具（Mudambi and Schuff，2010；王智生等，2016）。

以亚马逊（Amazon）网站为例，Amazon 网站上的评论有用性投票功能允许消费者在阅读评论之后，通过点击“Helpful”按钮，可以对评论信息的有用性进行投票。如果消费者认为评论的内容有助于其了解更多的产品信息，能够帮助他做出购买决策，则消费者可以点击投票按钮来支持该条评论成为

“Helpful”评论。此外，Amazon网站将有用性投票排名最高的评论内容展示在评论区的顶部，帮助消费者快速筛选有用评论，极大地减少了消费者阅读大量评论内容的压力，提高了消费者满意度，从而有利于网站销售利润的提升（Gupta and Harris，2010；Liu and Park，2015）。因此，评论有用性的投票机制是衡量消费者评论内容质量的重要方式（Mudambi and Schuff，2010）。有用性投票有助于完善旅游平台的评论机制，增强平台的核心竞争力，从而提升平台的销售量。

6.2.2　在线评论有用性的影响因素

在线评论有用性的影响因素研究，为评论有用性投票机制提供了理论支持，既能帮助消费者找到有用的评论，也能帮助管理者减少差评并不断改进服务。近年来，一些学者强调建立评论有用性的关键因素库的必要性。从现有研究来看，评论有用性的影响因素主要包括评论内容和评论者特征两大方面。

与评论内容相关的有用性因素，包括了评论长度、评论效价、评论情感、评论语气和标题特征等。部分学者深入研究了评论长度与评论有用性之间的关系，结果表明评论长度对有用性影响有一个明显的阈值，当字数达到这个阈值会有显著影响，否则其影响效果不显著。芬克等（Fink et al.，2018）认为，评论长度与评论有用性具有负向的曲线关系，即当某条评论的长度比一般评论的平均长度更短时，长度会对评论有用性产生积极的作用。此外，学者们还对评论内容文本做了大量的定性和定量的特征分析。郭和谢（Kwok and Xie，2016）研究发现，评论文本的句子数量负向影响评论有用性。方等（Fang et al.，2016）研究发现，评论文本的可读性对评论有用性具有正向影响效应。郭和周（Guo and Zhou，2017）分析了评论文本的定量特征，探讨了评论长度和评论效价对评论有用性的影响作用。塞勒汉和金（Salehan and Kim，2016）认为，具有积极情感的评论对有用性有更大的影响。也有研究认为中性情感和中等评论长度对有用性有积极的影响。

另外，也有部分学者就评论者特征对评论有用性的影响关系进行了研究。

例如，瑞切拉和弗里斯克（Racherla and Friske，2012）、刘和朴（Liu and Park，2015）以及郭和谢（Kwok and Xie，2016）都认为，评论者的个人身份信息对消费者感知的评论有用性有直接的影响作用。瑞切拉和弗里斯克（2012）研究认为，评论者身份信息的披露行为可以有效减少消费者对信息源的怀疑，从而使信息的获取更加有用；同时，消费者认为具有更多专业知识的评论者比那些专业知识较少的评论者所发表的评论内容更有用。弗格等（Fogg et al.，2001）基于信息处理理论，证明了评论者的姓名和照片的展示与人们对网站的可信度感知存在积极的关系。福尔曼等（Forman et al.，2008）利用 Amazon 的评论数据进行研究后发现，愿意透露自己身份信息（包括姓名、爱好和地理位置等）的评论者所发表的评论内容，对潜在消费者具有更重要的价值，也更能影响到潜在消费者的购买决策。张艳辉等（2017）认为，消费者从评论者那里获得相关信息时，消费者的决策态度主要受到信息源的专业知识的影响。朱等（Zhu et al.，2014）检验了 Yelp 网站的实证数据，也认为评论者的专业知识对消费者感知的评论有用性会产生积极影响。

因此，考虑到现有研究对于评论者特征属性，包括信息披露情况与专业知识程度，缺乏全面系统研究，深入挖掘评论者属性对评论有用性的影响作用具有重要的理论与实践意义。

6.3 研究模型与假设

6.3.1 评论者身份信息的披露

网络身份是网民在网络空间中建立的一种社会身份。网络用户通过披露姓名或选择头像来说明自己的网络身份信息，从而帮助他人识别身份信息的可信度（Liu and Park，2015）。评论者披露其身份信息的行为是评论者获得在线社区认可的一种方式。更重要的是，在网络社会中，由于面对面交流的缺乏带来了消费者能够收集到的社会信息严重不足的问题，从而导致消费者在决策过程中面临大量的不确定性，而评论者个人信息的披露有助于消费者建立起对评论内容的信心（Racherla and Friske，2012）。评论者身份信息的披露可以帮助消费者了解评论者的身份信息，降低消费者对评论内容的不确定性，并从评论者身份信息中获得对评论内容的信心。

在网络社区互动中，身份信息披露（identity disclosure）可以有效减少其他网络用户对信息源的怀疑，从而使信息更加可靠与有用。刘和朴（Liu and Park，2015）以及福尔曼等（Forman et al.，2008）的研究都证实，评论者的身份信息披露对评论有用性或消费者购买决策具有显著影响作用。因此，本章做了以下假设。

H6－1：评论者身份信息披露，包括姓名（H6－1a）、地址（H6－1b）、性别（H6－1c）、年龄（H6－1d）对评论有用性具有显著的正向影响作用。

6.3.2 评论者专业水平的展示

专业的评论者通常拥有相关领域的大量专业知识、能力或经验，是能提供正确信息的信息源（Liu and Park，2015）。当消费者从评论者那里获得产品或服务的相关信息时，消费者的态度主要受到信息源专业水平（expertise）的影响。如果信息源对产品或服务非常了解，消费者更有可能基于这些评论做出正确的购买决策（Racherla and Friske，2012）。然而，在网络虚拟的环境下，消费者很难区分专业的评论者与非专业的评论者。因此，为了减少不确定性，增加信息源的可信度，消费者通常会寻找评论者个人背景的相关信息并进行分析，作为自己选择特定产品或服务的参考。如果评论者在某领域内展示了丰富的知识与经验，往往会被认为是该领域内专业的评论者（Lee et al.，2011）。在缺乏某一领域专业知识的背景下，消费者在制定购买决策时往往依赖于专业评论者所发布的评论内容。以旅游网站的酒店在线评论为例，用户的质量、服务记录和受欢迎程度（较长的注册年龄、更高的用户等级、多元化的旅游目的地、网站授予的评论标签、大量的旅行照片共享以及在线投票比率等）往往体现了一位经验丰富的“旅游达人”的特点。因此，本章做了以下假设。

H6－2：评论者专业水平的展示，包括注册年龄（H6－2a）、评论者等级（H6－2b）、旅游城市数量（H6－2c）、标签（H6－2d）、发布照片数量（H6－2e）、投票率（H6－2f）对评论有用性具有显著的正向影响作用。

本章的研究模型如图6－1所示，考虑了评论者身份信息披露以及评论者专业水平展示两个维度，采用Tobit回归模型与神经网络分析相结合的方法，研究评论者身份信息披露和专业水平展示对评论有用性的影响作用。

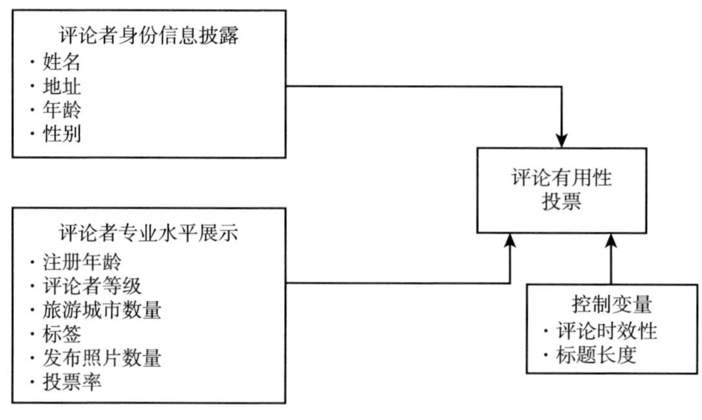

图6－1 研究模型

6.4 研究方法

6.4.1 数据来源

本章使用了网络爬虫软件（Gooseeker）从TripAdvisor.com网站自动抓取酒店评论数据。Gooseeker软件是一个抓取网页数据的工具包，通过特定的参数配置，该软件可以自动抓取目标网站的所需数据。我们选择TripAdvisor.com作为研究数据的来源，该网站作为最受欢迎的旅游评论网站之一，它的酒店在线评论为评论有用性的研究提供了很好的研究环境。我们采用了韦尔穆伦和西格斯（Vermeulen and Seegers，2009）以及丁切尔和阿尔拉瓦迪耶（Dinçer and Alrawadieh，2017）的样本数据选择方法，随机选择了美国东部和西部6个著名旅游城市的12家酒店，城市包括亚特兰大、洛杉矶、纽约、芝加哥、华盛顿特区和夏威夷。这些城市是全球众多游客来美国旅游的重要目的地，酒店业高度发达。本章研究共收集了6280条有效的在线评论，其中主要的数据变量包括评论者的名字、地址、性别、年龄、注册年龄、评论者等级、旅游城市数量、发布照片数量、贡献数（评论者发表的总的历史评论数量）、标签、评论者获得的有用性投票总数、最新评论获得的有用选票的数量、评论时间和评论标题等。

6.4.2　变量设计与测量

考虑到本章研究的因变量（有用性投票数）的均值为1.311，远小于方差2.170，我们对原因变量取对数作为新的因变量来缓解变量过度离散的问题。自变量为虚拟变量，包括评论者的姓名、地址、年龄和性别是否披露。例如，披露姓名的评论者表示为“1”，否则表示为“0”。一般来说，用户在注册时会填写基本信息，但是很多注册的人不愿填写太多的个人信息，甚至会提供一些虚假信息。因此，本章研究首先检查了评论者是否显示了他或她的姓名或姓名首字母（Liu and Park，2015）。随后清洗了地址、年龄和性别方面的数据。为了确认评论者的地址信息，只要消费者提供了城市名、州名或城镇名，我们就将其视为身份信息的揭露，赋值为“1”，反之赋值为“0”（Liu and Park，2015；Racherla and Friske，2012；Forman et al.，2008）。同样的，对于性别信息披露以及年龄信息披露等变量，均采取同样的赋值方式。

本章研究通过注册年龄、评论者等级、旅游城市数量、照片数量、投票率及标签等变量来表示评论者的专业水平。其中，评论者注册年龄为注册时间至2018年（数据获取时间）。TripAdvisor.com根据评论者得分将其划分为7个不同的等级：新注册的评论者为0级（得分小于300分）；普通评论者为1级（得分介于300～499分）；优秀评论者为2级（得分介于500～999分）；资深评论者为3级（得分介于1000～2499分）；高级评论者为4级（得分介于2500～4999分）；杰出评论者为5级（得分介于5000～9999分）；卓越评论者为6级（得分大于等于10000分）。访问城市的数量指评论者旅游城市的数量。照片的数量表示评论者上传并发布的照片总数。标签是网站根据评论者出行风格为评论者指定的特征，例如60年代富豪（60plus Traveler）、城市探索者（Urban Explorer）、美食家（Foodie）等。另外，我们定义投票率为：投票率＝总有用性选票/总的历史评论数量。

本章研究的控制变量分别是评论时效性和标题长度。评论时效性表示评论发表时间与数据收集时间之间的时间间隔。标题长度表示评论标题的字数。表6－1给出了所有变量的描述及来源。

表6－1　　　　变量定义与来源

变量	描　述	来　源
有用性投票log值 log（Helpful vote）	最新评论获得的有用性投票数的对数（以10为底）	Kwok and Xie（2016）
姓名披露（Name disclosure）	虚拟变量，表示评论者是否提供了身份信息。0表示评论者未披露姓名，1表示评论者已披露姓名	Liu and Park（2015），Racherla and Friske（2012），Forman et al.（2008）
地址披露（Address disclosure）	虚拟变量，表示评论者是否提供了身份信息。0表示评论者未披露地址，1表示评论者已披露地址	Forman et al.（2008），Racherla and Friske（2012），Liu and Park（2015）
年龄披露（Age disclosure）	虚拟变量，表示评论者是否提供了身份信息。0表示评论者未披露年龄，1表示评论者已披露年龄	本章研究
性别披露（Sex disclosure）	虚拟变量，表示评论者是否提供了身份信息。0表示评论者未披露性别，1表示评论者已披露性别	本章研究
评论者等级（Level）	评论者根据累积值被分为不同的级别评分，通过评论的数量、上传的照片和获得的有用投票数量获取分数。一共有7个级别，分别为0级（得分小于300分），1级（得分介于300～499分），2级（得分介于500～999分），3级（得分介于1000～2499分），4级（得分介于2500～4999分），5级（得分介于5000～9999分），6级（得分大于等于10000分）	Kwok and Xie（2016）
注册年龄（Reg age）	评论者注册的年份与本章收集评论的年份之间的时间间隔，单位为年	本章研究
旅游城市数量（Number of cities）	评论者游览的城市总数	Lee et al.（2011）

续表

变量	描　述	来　源
投票率（Vote rate,%）	有用性投票总数/总历史评论数量	本章研究
照片数量（Number of photos）	评论者上传并发布的照片总量	Wang et al.（2016）
标签（Tag）	虚拟变量，表明评论者是否有标签。1 表示评论者已被本网站标记，0 表示评论者未被本网站标记。该网站根据评论者的旅游特点为评论者分配不同的标签，如美食家、奢华旅行者、城市探索者等	本章研究
评论时效性（Elapsed_Day）	评论发布时间与数据收集时间的时间间隔	Malik and Hussain（2018）
标题长度（Title length）	评论标题的总字数	Salehan and Kim（2016）
有用性投票（Helpful vote）	评论者收到的对其发表的最新评论的总投票数	Ghose and Ipeirotis（2011），Liu and Park（2015）

6.4.3　Tobit 回归模型

本章研究采用 Tobit 回归方法来验证前面提出的模型假设。主要原因在于以下方面。

（1）本章研究的因变量是非负值（Korfiatis et al.，2012），且其取值在有限范围内（即截尾数据）（Ren and Hong，2019）。

（2）大多数评论的有用性投票数为零，因变量呈现左偏态分布。

（3）考虑到消费者更倾向于投票给极端或冗长的评论，而且在用户评价过程中普遍存在选择偏差（Qazi et al.，2016）。

Tobit 回归适用于满足以上条件的回归分析（Lee et al.，2018a；Yang et al.，2019），因此，本章研究采用了 Tobit 回归分析方法，通过 Stata 13.0 软件对模型假设进行了实证检验。

6.4.4　神经网络模型

李和周（Lee and Choeh，2014）认为，神经网络模型能够有效弥补多元线性回归模型的不足。因此，神经网络常被用于测量变量之间的非线性关系。此外，神经网络还具有自学习能力，能够适应不同的数据结构。与多元线性回归模型相比，神经网络模型具有更强的鲁棒性和更高的预测精度（Tan et al.，2014）。

神经网络具有许多非线性的隐藏层，有助于识别模型中的复杂关系。并且神经网络在预测方面比传统的回归技术具有更高的准确度（Lee and Choeh，2014）。但是神经网络模型的“黑匣子”机制不能很好地用于假设检验和因果关系检验。Tobit 回归用于分析变量之间的线性关系，然而这一模型会简化变量之间的复杂性。为了避免这两种方法各自的缺陷，本章研究把 Tobit 回归与神经网络模型结合起来，来识别和分析变量间的线性和非线性关系。我们采用 Tobit 回归对显著性变量进行分析，然后通过 SPSS 17.0 分析软件将回归结果显著的变量作为预测因子纳入人工神经网络模型中，分析了这些结果显著的变量对有用性投票数的影响权重。

6.5 数据分析和研究结果

6.5.1 描述性统计结果

表 6－2 是基于 6280 条评论的变量描述性统计结果。可以发现，评论者中披露个人姓名和地址信息的比例较高，而披露个人年龄和性别的比例较低；具有标签的评论者比例较低。另外，评论者的平均等级为 2.6 级，低于中等水平（3 级）；注册年龄最长为 16 年；游览城市数量最多为 1679 个；投票率最高为 91%；发布的照片数量最多为 5460 张；访问城市数量、投票率、照片数量和评论时效性等变量的方差都大于其均值；有用性投票得票最多为 91 票，平均值为 1.311，表明每一项评论平均收到 1.311 张有用性投票。取对数后的有用投票范围为 0～1.96，均值和方差均小于 0.3，很好地解决了因变量过度分散的问题。

表 6-2　　变量描述性统计

变量	最小值	最大值	频率	百分比
Name disclosure	0	1	5778	92.00%
Address disclosure	0	1	5469	87.10%
Age disclosure	0	1	1408	22.40%
Sex disclosure	0	1	1242	19.80%
Tag	0	1	914	14.60%
变量	最小值	最大值	均值	方差
Level	0	6	2.615	1.998
Reg age	0	16	5.421	3.494
Number of cities	0	1679	43.619	96.162
Vote rate	0	91	0.756	1.492
Number of photos	0	5460	12.406	94.323
Elapsed_ Day	5	3278	345.613	573.569
Title Length	1	25	4.738	3.001
Helpful vote	0	91	1.311	2.170
log（*Helpful vote*）	0	1.959041	0.145	0.242

注：样本容量 $N=6280$。

6.5.2　模型与检验

在多元线性回归模型分析中，我们采用了 VIF 来检验变量之间的多重共线性。根据张等（Zhang et al.，2010b）以及任和洪（Ren and Hong，2019）的研究，当 VIF 值在 0～10 时，变量之间不存在多重共线性。本章研究涉及的变量 VIF 值如表 6-3 所示，VIF 值均在 2 左右，远远小于 10，表明所有变量不存在明显的多重共线性。在进行实证分析前，我们首先对所有变量进行了相关性分析，结果如表 6-4 所示。可以发现，研究变量之间的相关性非常低。性别信息揭露与年龄信息揭露的相关系数值为 0.7616，低于 0.8，为中度相关。

表 6－3　　回归模型的 VIF 与容忍度结果

变量	VIF	容忍度
Name disclosure	1. 02	0. 983
Address disclosure	1. 12	0. 893
Age disclosure	2. 60	0. 385
Sex disclosure	2. 47	0. 406
Reg age	1. 50	0. 666
Level	1. 70	0. 590
Number of cities	1. 30	0. 771
Tag	1. 23	0. 815
Number of photos	1. 04	0. 962
Vote Rate	1. 04	0. 963
Elapsed_Day	1. 10	0. 912
Title Length	1. 01	0. 986
Mean VIF	1. 43	

模型（6－1）揭示了评论者身份信息披露与评论有用性之间的关系，分别表示假设 H6－1a、H6－1b、H6－1c、H6－1d。

$$\begin{aligned}\log(\mathit{Helpful\ vote}) = {} & \beta_{11} \times \mathit{Name\ disclsure} + \beta_{12} \times \mathit{Address\ disclosure} \\ & + \beta_{13} \times \mathit{Age\ disclosure} + \beta_{14} \times \mathit{Sex\ disclosure} \\ & + \beta_{15} \times \mathit{Elapsed\_Day} + \beta_{16} \times \mathit{Title\ Length} + \varepsilon_1 \quad (6-1)\end{aligned}$$

其中，ε_1 表示误差项。表 6－5 为模型（6－1）回归分析结果，其中 log likelihood = －4031. 7479。我们可以发现：（1）年龄披露对评论有用性有积极影响（β= 0. 1065，p=0. 002），表明消费者更倾向认为评论者披露自己的年龄信息有助于他们做出购买的决策，假设 H6－1c 成立。这一发现与先前学者的研究结果不一致，可能因为我们对评论者的年龄使用了不同的定义。先前的研究将年龄划分为不同的年龄组，例如，“1”表示 12 岁以下的评论者，“2”表示 13～17 岁的评论者。（2）性别信息披露负向影响评论有用性（β= －0. 1580，p=0. 000），表明评论者不披露性别信息将会对评论有用性有积极的影响，这一发现也与先前学者的研究结果不一致，郭和谢（Kwok and Xie，2016）认为，男性评论者比女性评论者能获得更多的有用投票。此外，姓名

表 6－4　变量相关性分析

编号	变量	1	2	3	4	5	6	7	8	9	10	11	12	13
1	log（*Helpful vote*）	1												
2	*Name disclosure*	0.0002	1											
3	*Address disclosure*	0.0046	-0.0715*	1										
4	*Age disclosure*	0.0006	-0.0682*	0.2070*	1									
5	*Sex disclosure*	-0.0339*	-0.0674*	0.1912*	0.7616*	1								
6	*Reg age*	-0.0095	-0.1114*	0.2828*	0.4074*	0.3543*	1							
7	*Level*	0.0049	-0.0674*	0.2235*	0.4077*	0.3707*	0.4459*	1						
8	*Number of cities*	-0.0049	-0.0210	0.1255*	0.3172*	0.2993*	0.3264*	0.4263*	1					
9	*Tag*	0.0088	-0.0116	0.1064*	0.2610*	0.2236*	0.2279*	0.4055*	0.2547*	1				
10	*Number of photos*	-0.0187	0.0047	0.0268*	0.0969*	0.0899*	0.0544*	0.1763*	0.1063*	0.1228*	1			
11	*Vote Rate*	0.3928*	-0.0178	-0.0051	-0.0079	-0.0153	0.0248*	-0.1408*	-0.0392*	-0.0298*	-0.019	1		
12	*Elapsed_Day*	-0.0588*	-0.0485*	0.1522*	0.1171*	0.1783*	0.2332*	0.0619*	0.0369*	0.0255*	-0.0188	-0.0243	1	
13	*Title Length*	0.1184*	-0.0085	0.0041	0.0569*	0.0334*	0.0659*	0.0563*	0.0345*	0.0489*	0.0276*	0.0613*	-0.0355*	1

注：* 表示 $p<0.05$。

披露（$\beta = -0.0079$，$p = 0.819$）和地址信息披露（$\beta = 0.0223$，$p = 0.437$）对评论有用性都不具有显著影响，不支持假设 H6－1a 和 H6－1b，这一结果与以往研究一致。

表 6－5　　模型（6－1）回归分析结果

项目	系数	标准差	t	$P>t$	95%置信区间	
常数	－0.3694	0.0462	－8.00	0.000***	－0.4600	－0.2789
Name disclosure	－0.0079	0.0345	－0.23	0.819	－0.0755	0.0598
Address disclosure	0.0223	0.0287	0.78	0.437	－0.0339	0.0785
Age disclosure	0.1065	0.0343	3.11	0.002**	0.0393	0.1738
Sex disclosure	－0.1580	0.0368	－4.29	0.000***	－0.2302	－0.0858
Elapsed_Day	－0.0001	0.0000	－3.33	0.001**	－0.0001	－0.0000
Title Length	0.0249	0.0030	8.28	0.000***	0.0190	0.0307
Pseudo R^2	0.0130					

注：log likelihood = －4031.7479； ** 表示 $p<0.01$， *** 表示 $p<0.001$。

模型（6－2）表示评论者专业水平展示（注册年龄、评论者等级、旅游城市数量、标签、发布照片数量和投票率）与评论有用性投票之间的关系，分别代表假设 H6－2a、H6－2b、H6－2c、H6－2d、H6－2e。

$$\begin{aligned}\log(\textit{Helpful vote}) = {} & \beta_{21} \times \textit{Name disclosure} + \beta_{22} \times \textit{Address disclosure} \\ & + \beta_{23} \times \textit{Age disclorsure} + \beta_{24} \times \textit{Sex disclosure} \\ & + \beta_{25} \times \textit{Reg age} + \beta_{26} \times \textit{Level} + \beta_{27} \times \textit{Number of cities} \\ & + \beta_{28} \times \textit{Tag} + \beta_{29} \times \textit{Number of photos} + \beta_{30} \times \textit{Vote rate} \\ & + \beta_{31} \times \textit{Elapsed\_Day} + \beta_{32} \times \textit{Title Length} + \varepsilon_2 \end{aligned} \quad (6-2)$$

模型（6－2）中 ε_2 表示误差项。模型（6－2）在模型（6－1）的基础上，考虑了投票率和评论者专业水平展示等相关因素，主要检验专业水平展示因素与评论有用性投票之间的关系。模型（6－2）的回归分析结果如表 6－6 所示，其中 log likelihood = －3746.4862，拟合程度与模型（6－1）相比增加了 8%（模型（6－2）：Pseudo $R^2 = 0.0828$，$\Delta R^2 = 0.0698$；模型（6－1）：Pseudo $R^2 = 0.0130$），表明评论者的专业性会加强评论有用性的影响。除此之外，评论者等级（$\beta = 0.0375$，$p = 0.000$）和投票率（$\beta = 0.1198$，$p =$

0.000）这两个变量的p值都小于0.001，假设H6-2b和H6-2e得到支持成立。这一结果与先前学者的研究结果一致，进一步支持了信息源可信度理论。专业可靠的信息源可以增强消费者的信任，从而影响消费者的购买决策。

表6-6　　模型（6-2）回归分析结果

项目	系数	标准差	t	$P>t$	95%置信区间	
常数	-0.4621	0.0444	-10.41	0.000***	-0.5492	-0.3751
Name disclosure	0.0042	0.0316	0.13	0.894	-0.0576	0.0660
Address disclosure	0.0143	0.0270	0.53	0.597	-0.0386	0.0671
Age disclosure	0.0879	0.0324	2.71	0.007**	0.0244	0.1514
Sex disclosure	-0.1527	0.0337	-4.53	0.000***	-0.2187	-0.0866
Reg Age	-0.0079	0.0030	-2.64	0.008**	-0.0138	-0.0020
Level	0.0375	0.0058	6.51	0.000***	0.0262	0.0488
Number of cities	-0.0001	0.0001	-0.65	0.514	-0.0003	0.0001
Tag	0.0018	0.0263	0.07	0.945	-0.0498	0.0534
Number of photos	-0.0005	0.0002	-2.31	0.021*	-0.0009	0.0001
Vote Rate	0.1198	0.0051	23.63	0.000***	0.1098	0.1297
Elapsed_Day	-0.00004	0.00002	-2.45	0.014*	-0.0001	-7.93e-06
Title Length	0.0196	0.0026	7.11	0.000***	0.0142	0.0250
Pseudo R^2	0.0828					
ΔR^2	0.0698					

注：log likelihood = -3746.4862；* 表示 $p<0.05$，** 表示 $p<0.01$，*** 表示 $p<0.001$。

此外，郭和谢（Kwok and Xie，2016）指出，等级较高的评论者所发表的评论相对于等级较低的评论者而言，能够获得更多的有用性投票，同时旅游过更多城市的评论者比旅游较少城市的评论者也更有可能获得有用性投票。但是，本章研究中旅游城市数量（$\beta=-0.0001$，$p=0.514$）和标签（$\beta=0.0018$，$p=0.945$）的 p 值大于0.05，表明统计结果是无意义的。并且单独对这两个变量进行回归分析，以考察其有用性程度，其结果同样表明是无意义的。然而，注册年龄（$\beta=-0.0079$，$p=0.008$）和发表照片数量（$\beta=-0.0005$，$p=0.021$）的 p 值显著，但回归系数揭示了它们与评论有用性之间的负向影响关系。注册年龄和上传的照片数量并不能帮助评论者有效展示他们的专业水平高低。

假设检验结果如表6－7所示，可以发现，年龄披露、性别披露、评论者等级、注册年龄、照片数量、投票率等信息会对评论的有用性产生显著影响，其中性别披露、注册年龄和照片数量对评论有用性的影响作用是负面的。

表6－7　　　　假设检验结果

假设	描　　述	是否支持
H6－1a	如果评论者揭露了自己的姓名信息，会比那些没有揭露姓名的评论者获得更多的有用投票	否
H6－1b	揭露地址信息的评论者会比没有揭露的获得更多的有用性投票	否
H6－1c	揭露年龄信息的评论者会比没有揭露的获得更多的有用性投票	是
H6－1d	揭露性别信息的评论者会比没有揭露的获得更多的有用性投票	是
H6－2a	注册时间长的评论者比注册时间短的获得更少的有用性投票	是
H6－2b	更高水平的评论者会比低水平的获得更多的有用性投票	是
H6－2c	旅游城市数量越多的评论者会比旅游城市数量越少的评论者获得更多的有用性投票	否
H6－2d	有标签的评论者会比没有标签的评论者获得更多的有用性投票	否
H6－2e	上传越多照片的评论者会比上传少的获得更少的有用性投票	是
H6－2f	更高投票率的评论者会比更低的获得更多的有用性投票	是

根据张毓隆（Chong，2013）以及丁等（Ding et al.，2019）的研究步骤，本章研究采用了SPSS17.0软件进行人工神经网络分析。其中，一个输入层包含来自Tobit回归模型中六个独立的显著因子，一个输出层表示因变量。另外，为了避免过度拟合，我们进行了十倍交叉验证，将70%的数据作为训练集，其余30%作为测试集。为了衡量模型的预测精度，我们计算了所有10个神经网络的训练和测试数据集的均方根误差（RMSE），以及这两个数据集的均值和标准误差。由表6－8可知，训练集的RMSE为0.139，预测集的结果为0.130，表明模型的预测因子与输出变量之间的关系是可靠的。

表6－8　　　　神经网络的RMSE值

网络	训练集	测试集
1	0.050	0.045
2	0.147	0.140
3	0.151	0.140

续表

网络	训练集	测试集
4	0. 152	0. 135
5	0. 147	0. 139
6	0. 146	0. 140
7	0. 150	0. 141
8	0. 147	0. 139
9	0. 150	0. 140
10	0. 147	0. 140
Mean	0. 139	0. 130
Standard deviation	0. 030	0. 028

表6-9给出了6个自变量重要性的相对排序。结果表明，评论者的专业水平展示特征（投票率、照片数量、注册年龄、评论者等级）的权重高于身份信息披露特征（性别披露、年龄披露），评论者专业水平因素在前6个最重要因素中占主导地位。我们也发现，回归分析结果中的回归系数大小与人工神经网络的重要性排序并不一致，原因可能在于人工神经网络模型揭示了一些潜在的变量之间的非线性关系。

表6-9　标准化变量的重要性排序

变量	相对重要性
Vote rate	1
Number of photos	0. 363
Reg age	0. 2
Level	0. 162
Sex disclosure	0. 109
Age disclosure	0. 076

6.5.3　结果分析与讨论

根据本章研究结果，我们可以发现，披露部分评论者身份信息（例如年龄披露、性别披露）对评论有用性有显著影响。这表明那些披露了部分身份信息的评论者被潜在消费者认为他们的评论对未来的消费者决策制定更有帮助。然而，郭和谢（Kwok and Xie，2016）研究认为，评论者年龄与评论有用性没有任何关系。同时，研究结果显示，消费者更关心评论者是否愿意透露他们的身份信息，而不是他们的具体年龄。换句话说，评论者的身份披露行为有助于降低消费者对于信息来源的不确定性感知。此外，郭和谢（Kwok and Xie，2016）还对前10%和前5%的有用性评论进行了实证研究，结果表明评论者年龄对评论有用性有显著影响。本章研究采用了0或1变量来表示评论者是否提供了他们的年龄信息，而郭和谢（Kwok and Xie，2016）则采用了取值1～7的虚拟变量对提交年龄信息的评论者进行分类。对年龄属性的不同度量可能是导致研究结果不一致的原因。同样，本章关于性别变量对评论有用性影响的结论与郭和谢（Kwok and Xie，2016）的研究不一致，也是由于对该变量的取值不同而造成的。本章研究强调了评论者是否进行了个人身份信息的披露行为，而之前的研究主要关注评论者的具体信息。此外，姓名和地址信息的披露对评论有用性没有显著影响，这一发现与之前的研究一致（Liu and Park，2015）。

本章研究还发现，评论者的专业水平展示在评论有用性方面发挥了重要的作用，这一结论与以往的研究不一致。刘和朴（Liu and Park，2015）认为，评论者专业水平和评论有用性之间没有显著的关系，他们对于专业水平的定义完全基于先前发表的评论数量。本章使用了多个相关变量来表示评论者的专业水平展示。消费者可以从更多角度详细了解评论者的信息，判断评论者的专业水平是否足够。本章研究弥补了采用已发表评论数量这一单一变量来表示评论者专业水平的局限。

此外，注册年龄、评论者等级、发表的照片数量和投票率对评论有用性有显著影响。评论者发表的评论数量和上传的照片数量会增加他们的分数，导致评论者的等级也会相应提高。具有较高等级的评论者往往会被消费者认为具有较高的可信度和较丰富的专业知识与经验。这一结论与郭和谢（Kwok and Xie，2016）的研究结果一致。投票率对有用性有显著影响，得票率越高，评论者的可信度就越高。上述结论说明，评论者专业水平背景是不容忽视的，进一步支持了在线评论的信息源可信度理论和不确定性减少理论。

但是，我们也发现，评论者的注册年龄对评论有用性有显著的负面影响。原因可能在于，一些评论者可能在许多年前就注册使用了该账号，他们出行和预订频繁，但可能主要是为了商务旅行而预订酒店，很少会基于个人体验来发表在线评论。另外，近年来消费者对出行要求、酒店住宿等偏好发生了变化，现在很多新注册的年轻消费者在旅行中更加注重生活的舒适和享受，更愿意与他人分享他们的旅游经历和心得。因此，注册年龄可能会对评论有用性带来负向的影响作用。

评论者发表的照片数量对评论有用性有显著的负面影响。这意味着在评论中包含的照片数量越多，评论有用性反而越低。这可能是因为一些评论者只发布了照片，而没有撰写和发表详尽的文字评论，因此他们的分享往往不会被其他消费者认为很有用。同时，在消费者浏览在线评论的过程中，图片较多会导致网页加载速度较慢，这对消费者的耐心是一个挑战，因此，过多的图片评论会对评论的有用性产生负面影响。评论者的标签和游览的城市数量对评论有用性影响作用不显著。标签信息作为在网站上显示的评论者旅行特点，显然没有在很大程度上对评论有用性产生影响，这意味着大多数阅读评论的人只关注评论内容而不是评论者的标签信息。同时，当消费者点击评论列表页面时，标签信息只能显示在用户个人资料页面上，无法获得足够的页面浏览量和客户印象。此外，郭和谢（Kwok and Xie，2016）认为，评论者浏览的城市数量对评论者的有用性有显著影响，但他们将该变量定义为评论者访问的平均城市数量。在本章研究中，模型（6－2）中的评论者旅游城市数量对评论有用性没有显著影响，两个研究采用的变量度量不一致可能是导致差异的原因。

6.5.4 理论与实践意义

本章研究具有非常重要的理论和实践意义。从理论的角度看，已有的许多文献都已考察了影响评论有用性的因素。本章研究通过深入研究评论者的身份信息披露和专业水平展示，丰富了评论有用性研究的影响因素。评论者的身份信息披露和专业水平展示都可以有效帮助消费者提高信息源的可信度，减少决策的不确定性。本章研究还发现了其他一些显著影响评论有用性的变量，如投票率和评论者等级。研究结果表明，评论者的专业水平对评论有用性起着至关重要的作用，并以不同的方式影响着消费者的决策。这一结论支持了在线评论中的信息源可信度理论和不确定性减少理论。

从实践的角度看，披露评论者的年龄和性别可以帮助消费者感知信息来源的可信程度。酒店通常要求顾客提供他们的年龄和性别信息。此外，为增加酒店营业收入，酒店管理者可以为评论者提供额外的服务，以换取评论者的好评。在线旅游平台也应该鼓励评论者在知情并同意的前提下，提供真实的个人信息，例如提供给评论者额外的分数和其他奖励回报。

理性的消费者应该更加注意评论者的年龄、等级、发布的照片数量和投票率，以区分专业的评论者和虚假的评论者。此外，酒店管理者可以为那些专业评论者提供更好的个性化服务，帮助这些消费者进一步提升在线评论的质量。旅游平台可以通过个性化的头衔或额外积分奖励那些发表高质量专业评论的用户。这些措施可以有效地帮助消费者识别专业的评论者并关注有价值的评论，此外还能有助于提高潜在消费者的满意度，减少他们对陌生评论者的担忧，帮助平台运营方精确地管理评论者身份，减少那些不良评论者的虚假评论。

6.6 本章小结

本章研究从评论者特征的视角出发，基于身份信息披露和专业水平展示两个方面来探讨影响评论有用性的关键因素。本章将 Tobit 回归模型与人工神经网络相结合，研究了评论者特征对评论有用性的影响。利用 TripAdvisor. com 网站抓取的数据，基于回归模型探讨了评论者特征对评论有用性的影响机理，并通过人工神经网络揭示了这些显著的影响因素对评论有用性的影响权重。

为了测试多重共线性，本章进行了 VIF 和容忍度测试。14 个变量中，VIF 值小于 10，容忍度大于 0. 10，表明本章研究涉及的变量不存在多重共线性。本章通过调整隐含层节点数、测试集和训练集的数据分配等，获得了约 72.536% 的精度，充分证明了模型的鲁棒性。此外，本章研究基于人工神经网络的结果，发现投票率、发布照片数量和评论者年龄比评论者等级、性别披露和年龄披露对评论有用性的影响更大。本章的研究结果不仅可以帮助潜在消费者快速判断评论者的可信度和评论内容的真实性，还可以帮助旅游评论平台的管理者在网站设计方面优化这些重要因素，更好地提升酒店的在线销售绩效。

我们认为本章研究在两个方面对现有的文献做出了重要的贡献：第一，从身份信息披露和专业水平展示两个方面对评论者属性特征对评论有用性的影响机制进行了深入研究，填补了以往文献单一考虑评论内容的空白；其次，本章将 Tobit 回归和人工神经网络相结合，提供了一种新的方法，有效地揭示了评论者特征与在线评论有用性之间的复杂关系。

第7章　新零售模式中跨渠道评论行为对在线评论有用性的影响研究

7.1　引　言

用户生成的在线评论在产品信息传达以及消费体验传播中扮演着日益重要的角色（Siering et al.，2018）。与其他类型的用户生成内容（UGC）相似，在线消费者评论能够帮助消费者降低在线购买决策过程中的风险与不确定性（Xiang et al.，2018）。近年来，随着移动通信技术的发展以及数字化经营的趋势，越来越多的零售商开始采用全渠道的新零售战略为消费者提供无缝的购物体验（Rodríguez-Torrico et al.，2017；Shen et al.，2018）。全渠道战略使得零售商将传统的线下渠道与数字的线上渠道整合起来，使得消费者可以在任何地方、任何时间跨渠道进行购物（Shen et al.，2018）。例如，在零售商线下实体商店，消费者也可以通过移动终端来进行商品购物并通过移动端发表商品评论信息。据报道，美国49%的实体店铺销售量都受到手机、平板等移动终端在购物过程中使用的影响（Rodríguez-Torrico et al.，2017）。在全渠道新零售环境下，在线评论可以通过线上或线下渠道生成（Rodríguez-Torrico et al.，2017；Shen et al.，2018）。来自线下渠道的评论信息源于那些在零售商实体店铺中与销售人员打交道并拥有店内购物体验的消费者，而来自线上渠道的评论信息则由那些拥有虚拟购物体验而缺乏实体店铺感知的消费者所生成。来自线下渠道的产品评论反映了消费者全渠道的购物体验（Rodríguez-Torrico et al.，2017；Shen et al.，2018），相比来自线上渠道的评论，来自线下渠道的评论将更有可能对潜在的评论阅读者施加更大的影响。因此，在全渠道新零售环境下，研究来自不同渠道的评论信息是否会对评论有用性产生不同的影响是非常有意义的。

从现有研究来看，多渠道或全渠道零售的情景下影响消费者行为的大量因素得到了研究者的广泛关注（Ailawadi and Farris，2017；Verhoef et al.，2015；Zhang et al.，2010a）。多渠道零售通常被定义为“通过一个以上的渠道向消费者进行产品和服务销售的一系列活动”（Neslin and Shankar，2009；Zhang et al.，2010a）。多渠道建模往往关注每个渠道业绩的管理与优化（Neslin and Shankar，2009）。全渠道零售则常常聚焦于呼应消费者如何购物而进行的渠道整合（Ailawadi and Farris，2017）。全渠道零售被定义为“对多个可用渠道和消费者接触点的协同管理，目的在于优化消费者跨渠道的体验以及各渠道绩效”（Verhoef et al.，2015）。同时，范霍夫等（Verhoef et al.，2015）也指出，随着移动渠道、社交媒体以及新渠道整合的发展，全球零售正在经历从多渠道零售向全渠道零售的变迁。在本章研究中，全渠道零售环境下消费者评论可以通过移动社交平台来产生。这些评论可以被不同消费者通过全渠道零售商的在线渠道或线下渠道来获取和使用。线下评论和线上评论可能对于评论有用性带来不同的影响作用。因此，在全渠道零售环境下研究评论有用性的研究因素非常重要。

通过现有文献的分析发现，信号理论（signaling theory）为全渠道零售情景中评论有用性的解释提供了良好的理论基础，在全渠道信号环境下，信号理论可以区分为评论相关信号与评论者相关信号。基于信号理论和在线评论相关文献，本章研究需要解决的两个主要问题如下。

（1）评论相关信号与评论者相关信号是如何影响评论有用性的？

（2）当消费者评论来自不同渠道时，评论相关信号与评论者相关信号的渠道来源差异对评论有用性的影响是否存在差异？

本章研究的主要贡献包括两个方面。首先，与现有的单一渠道条件下的评论有用性研究不一样，本章研究考虑了在线和线下不同渠道来源的评论有用性的影响因素。其次，本章研究在全渠道零售这一新环境下应用信号理论，提出了考虑评论相关信号、评论者相关信号以及环境相关信号的研究模型，用于解释评论有用性的影响因素。

7.2 理论背景与研究现状

7.2.1 评论有用性

评论有用性通常是指在线评论有助于消费者制定购买决策的程度（Mudambi and Schuff，2010；Ren and Hong，2019）。目前，学术界对于影响评论有用性的因素已经进行了广泛研究（Cao et al.，2011；Lee and Shin，2014；Mudambi and Schuff，2010；Siering et al.，2018；Weathers et al.，2015；Zhao et al.，2018；Zhu et al.，2017）。在已有研究中，评论有用性的影响因素可以被分类为评论相关因素与评论者相关因素（Hong et al.，2017；Racherla and Friske，2012；Ren and Hong，2019；Siering et al.，2018）。相关研究的总结如表 7－1 所示。

表 7－1　影响评论有用性的评论与评论者相关的主要因素研究总结

研究者	数据来源	影响因素		主要研究发现
		评论相关因素	评论者相关因素	
Cao et al.（2011）	Amazon. com	评论长度	评论者经验，评论者累计有用性	当评论长度短于所有评论的平均长度时，对评论有用性有正向影响；评论者的累计有用性会影响有用性投票
Mudami and Schuff（2010）	Amazon. com	评论极端性，评论长度		评论极端性、评论长度以及产品类型对评论有用性均有影响
Racherla and Friske（2012）；Siering et al.（2018）	Yelp. com	评论长度，评论效价（review valence），评论含糊性（review equivocality）	评论者专业性，评论者声誉，评论者信息披露	评论特征与评论者特征都显著影响评论有用性

续表

研究者	数据来源	影响因素		主要研究发现
		评论相关因素	评论者相关因素	
Baek et al.（2012）	Amazon. com	评论长度，评分不一致性（rating inconsistency），负面评价词（negative word）	评论者真实姓名，评论者等级	不论是评论长度等核心因素还是评论评分、评论者可信度等外围因素，都对评论有用性存在影响
Ngo-Ye and Sinha（2014）	Amazon. com Yelp. com	评论文本内容	评论者参与度（reviewer engagement）	评论文本内容与评论者参与度都对评论有用性存在影响
Zhu et al.（2014）	Yelp. com	评论极端性	评论者专业性，评论者网络吸引力（reviewer online attractiveness）	评论者专业性与评论者网络吸引力对评论有用性存在影响，同时这一影响受到评论极端性的调节作用
Salehan and Kim（2016）	Amazon. com	评论长度，评论情感，评论极性（review polarity）		评论极性调节评论情感对评论有用性的负向影响作用
Siering et al.（2018）	Amazon. com	评论不确定性，评论情感强度（strength of review sentiment），产品质量相关性（product quality relatedness）	评论者专业性，评论者非匿名（reviewer non-anonymity）	写作风格等评论内容相关信号以及专业性、非匿名等评论者相关信号都会对评论有用性产生影响
Ren and Hong（2019）	Amazon. com	评论情绪（review emotion），评论极端性，评论长度		产品类型调节评论情绪对评论有用性的影响作用

就评论相关因素而言，评论评分、评论长度以及评论情感是最常用的评论有用性预测变量；而就评论者相关因素而言，评论者专业性与评论者信息披露是经常被使用的评论有用性影响变量。基于此，本章研究将使用评论评分、评论长度以及评论情感来构建评论相关信号，同时使用评论者专业性和评论者真实姓名构建评论者相关信号。

7.2.2 信号理论

信号理论（signaling theory）最初来自劳动力市场研究（Spence，1974）。该理论提出，“信号能够帮助交易双方降低信息不对称性”（Spence，2002）。换言之，信号主要用于拥有较多信息的一方向与拥有较少信息的一方进行信息沟通与传递。斯宾塞（Spence，1974）指出，“信号是交易市场中个人的行为或属性，通过有意设计或无意传送，改变其他人的信念或向其他人传送信息”。

在评论研究领域，信号理论常常被用于解释信号发送人的行为如何影响到评论有用性以及信号接收人的行为（Connelly et al.，2011；Siering et al.，2018）。信号理论认为，信息传递过程的关键要素包括信号发送人（sender）、信号接收人（receiver）、信号（signals）以及信号传递环境（signaling environment）（Siering et al.，2018）。信号理论的核心在于生成信号并传递信号的信号发送人，尤其是当信号发送人具有产品、服务或其他内在知识时（Siering et al.，2018）。在本章研究中，我们将信号发送人定义为那些具有产品或服务使用体验的评论者，他们拥有潜在消费者不具备的产品或服务的相关知识。以往研究认为，信号接收人是指那些在线寻找产品或服务相关知识的局外人（Siering et al.，2018）。在本章研究中，信号接收人是指搜索产品或服务相关知识的潜在消费者。信号发送人利用信号向信号接收人传递产品或服务的相关信息（Spence，1974；Spence，2002）。

基于已有文献，本章研究将信号分为两类：评论相关信号与评论者相关信号。评论相关信号是指嵌入评论信息中，能够传递产品或服务相关信息的信号。评论者相关信号是指嵌入评论者个人页面，能够传递发送人相关信息的信号。信号理论认为，信号传递环境会对信号处理的过程带来影响，但这一影响机制还有待深入研究（Connelly et al.，2011）。在全渠道零售环境下，消费者评论可以通过线上或线下任何一个渠道提交，信号传递环境显得更为重要。随着零售模式逐渐从单一渠道向全渠道零售变化（Ailawadi and Farris，2017；Huang et al.，2017），迫切需要研究者从全渠道视角出发去研究评论有用性的影响因素。

7.2.3 全渠道零售

全渠道（omni-channel）是新零售模式典型的渠道特点。尽管全渠道零售是从多渠道零售演化而来的，这两种零售在诸如运营模式、目标以及客户体验等方面都存在很多不同之处（Zhang et al.，2018）。通常来说，多渠道零售通过发挥不同渠道的优势满足消费者需求从而获得不同客户细分市场（Ailawadi and Farris，2017）。但是，全渠道零售的主要目标是整合线上线下渠道从而为消费者提供无缝的购物流程（Ailawadi and Farris，2017；Verhoef et al.，2015；Zhang et al.，2018）。此外，全渠道零售战略允许消费者在任何地方和任何时间跨渠道进行购物（Rodríguez-Torrico et al.，2017）。

学术界针对全渠道零售的研究已经比较丰富，主要研究问题包括全渠道零售管理（Ailawadi and Farris，2017；Verhoef et al.，2015）、全渠道整合（Li et al.，2018；Zhang et al.，2018）、全渠道中的消费者行为（Blom et al.，2017）。在本章研究中，消费者通过全渠道零售商的线下渠道的触摸、试用等行为来进行产品或服务的实际体验。因此，线下渠道中消费者的风险感知、价格弹性以及价格敏感性等通常都比在线渠道要低（Huang et al.，2017）。我们可以认为，消费者通过全渠道零售商的线下渠道提交的评论要比相应的在线渠道提交的评论对于有用性的影响更为强烈。因此，基于信号理论，本章研究将讨论在全渠道零售环境下评论相关信号以及评论者相关信号对于评论有用性的影响。

7.3 研究模型与假设

7.3.1 评论相关信号与评论有用性

根据现有研究（Baek et al.，2012；Hong et al.，2017；Ren and Hong，

2019），在形成评论有用性的过程中评论评分、评论长度以及评论情感经常被用作反映评论相关的信号。评论评分是指在线评论的量化星级评分，通常是从一星到五星的范围（Mudambi and Schuff，2010）。刘和朴（Liu and Park，2015）研究发现，评论评分会正向影响评论有用性。黄等（Huang et al.，2015）也发现，评论评分对有用性具有正向影响作用。在本章研究中，我们认为，积极评论能够帮助降低信号发送人（评论者）与信号接收人（读者）之间的信息不对称。基于现有研究（Huang et al.，2015；Liu and Park，2015），我们提出以下假设。

H7－1a：更高的评论评分信号与更高的评论有用性相关。

在全渠道零售环境中，线下评论通常是由那些已经感觉、触摸和尝试过产品或服务的消费者在线下商店所发表的（Huang et al.，2017）。根据消费者的自我体验以及与销售人员的互动，他们往往有更多的自信认为自己做出了正确的判断（Cox and Bauer，1964；Dinner et al.，2014）。这样，他们更有可能对所购买的产品或服务满意，他们所提交的评论也会更有可能被其他评论阅读者认为是更有用的。因此，我们可以认为，当评论来自全渠道零售的线下渠道时，评论评分对于有用性的正向影响会更为强烈。基于上述讨论，我们提出以下假设。

H7－1b：当评论来自线下渠道时，评论评分对于评论有用性的正向影响会更强烈。

评论长度，也称为评论深度（review depth），是指评论文本的总字数（Mudambi and Schuff，2010）。一般认为，更长的文本包含了特定情景下如何使用产品或服务的更多信息，从而会获得更多的评论有用性投票（Chua and Banerjee，2015）。换言之，长文本会提供更多的产品信息和更多的细节（Ren and Hong，2019），而这些信息能够增加信息诊断性（information diagnosticity），并能够降低产品质量的不确定性（Mudambi and Schuff，2010）。事实上，当信息缺乏诊断性时，人们在做决定时往往会优柔寡断和犹豫不决。信息长度的增加能够提升信息的诊断性（Mudambi and Schuff，2010），同时还可以向信息阅读者传递评论值得一读这样的信号。已有很多研究发现评论长度对评论有用性存在正向影响作用（Mudambi and Schuff，2010）。因此，我们提出以下假设。

H7－2a：更长的评论长度信号与更高的评论有用性相关。

此外，人们还认为当评论来自全渠道零售的线下渠道时，评论长度与评论有用性之间的正向关系会变得更为强烈。事实上，更长的评论通常反映出评论者在写作评论时的高水平参与度（Zhou and Guo，2017）。线下购物的消费者实际上意味着他们愿意把更多的精力投入诸如购物和撰写评论等活动中（Levin et al.，2003）。此外，在线下商店中，消费者通过触摸和试用可以获得更多样化的产品或服务的相关信息（Rodríguez-Torrico et al.，2017）。因此，通过线下渠道提交的长评论可能包含消费者对于实体店铺的更多感受和体验信息，这些信息会比在线渠道提交的信息更为具体和可信。所以，我们提出以下假设。

H7－2b：当评论来自线下渠道时，评论长度对于评论有用性的正向影响会更强烈。

情感是指“由感觉引起的思想、态度或判断”（Siering et al.，2018）。评论情感与评论有用性之间的关系已经得到现有文献的证实（Chua and Banerjee，2016；Siering et al.，2018；Uhl，2011）。换言之，潜在消费者会觉得情感强度更高的在线评论（包括积极评论和消极评论）比那些情感强度弱的更有用（Chua and Banerjee，2016；Siering et al.，2018；Uhl，2011）。因此，我们提出以下假设。

H7－3a：高强度的评论情感会带来更高的评论有用性。

在全渠道零售商的店铺中，消费者通过购买过程中产品的感受、触摸和试用可以获得人与人之间的交互和体验（Huang et al.，2017）。如果消费者已经从全渠道零售商的线下店铺获得足够的产品相关知识，来自线下渠道的评论不太可能包含极端的情感强度。这一内在机制可能是消费者通过店内的产品检视和试用后会随之调整他们对于产品的期望（Yang et al.，2013）。因此，他们可能倾向于提供更为中性语气的产品评论。我们可以预料的是，当评论来自线下渠道时，评论情感强度与评论有用性之间的正向关系会随之弱化。因此，我们提出以下假设。

H7－3b：当评论来自线下渠道时，评论情感强度对于评论有用性的正向影响会被弱化。

7.3.2 评论者相关信号与评论有用性

总结已有文献（Baek et al.，2012；Siering et al.，2018），我们选择评论者真实姓名和评论者专业性作为形成评论有用性的评论者相关信号。在众多在线评论平台上，评论者通常可以自由选择发表评论使用的用户名（Siering et al.，2018）。以前在线评论的相关研究指出，那些不愿披露自己真实姓名的评论者可能会降低他们所发表评论的可信度（Jensen et al.，2013）。此外，虚假评论往往就来自匿名用户，因为真正的评论者是关心他们的平台声誉的（Ong et al.，2014）。希尔林等（Siering et al.，2018）提出，用户真实姓名可以被解读为一种评价信号，这一信号能够被 Amazon 等电子商务平台所认证，所以真实姓名通常被认为是可信的。因此，披露真实姓名的评论者发表的评论被认为是更有用的。基于此，我们提出以下假设。

H7－4a：如果评论者披露了真实姓名，那么他们的评论会被认为更有用。

当一条评论来自线下渠道时，评论者真实姓名和评论有用性之间的正向影响会得到增加。因为评论者的真实姓名得以认证后，他们所撰写的评论往往被认为是可信的，这时候真实姓名就成为用户可信度的评价信号（Siering et al.，2018）。以往研究指出，具有真实姓名评论者发表不实评论时会损害其在线声誉（Forman et al.，2008）。来自在线渠道的评论者因为缺乏对产品信息的深入了解或是对产品不满意时，更有可能发表不可信和负面的评论（Yin et al.，2014）。他们会选择隐匿个人真实姓名，以免个人声誉受损或防止来自零售商的反击。事实上，格拉纳多斯等（Granados et al.，2012）也认为，在线购物过程中的诸如安全和隐私等风险感知要远高于线下购物。基于以上讨论，我们提出以下假设。

H7－4b：当评论来自线下渠道时，评论者真实姓名对评论有用性的正向影响会更强烈。

评论者专业性能够反映评论者在平台上撰写有用评论或提供高质量评论的贡献程度或经验水平（Ren and Hong，2019；Siering et al.，2018；Zhu et al.，2014）。因此，评论者的专业性在判断评论有用性的时候成为一个重要的影响信号（Siering et al.，2018）。先前研究也发现，消费者在购买决策时容易受到推荐人专业性的影响（Barnett White，2005）。就实际而言，在线评论平台通过计算给出的评论者等级被看作能够降低消费者感知不确定性的保证（Siering et al.，2018）。评论者专业性对评论有用性带来正向影响。因此，我们提出以下假设。

H7－5a：如果评论者专业性更高，他们发表的评论将被认为更有用。

当评论来自线下渠道时，评论者专业性和评论有用性之间的正向影响将会被弱化。如果评论者有线下商店的实际体验，他们会了解更多的产品细节并能够提供涉及各个方面的详尽评论（Huang et al.，2017）。因此，当读者阅读这些来自线下渠道的评论信息时，他们就不太可能使用评论者专业性这样的外部信号来判断这条评论的有用性。然而在线上渠道，情况恰恰相反。缺乏产品相关知识的消费者可能会怀疑他们自己进行产品选择和决策的能力，从而给购买带来很高的风险（Zhou and Guo，2017）。因此，评论读者会更有可能把评论者专业性作为判断评论有用性的标准。因此，我们提出以下假设。

H7－5b：当评论来自线下渠道时，评论者专业性对评论有用性的正向影响会被弱化。

基于信号理论，本章提出了全渠道零售环境下考虑评论相关信号以及评论者相关信号对于评论有用性影响作用的研究模型，如图7－1所示。

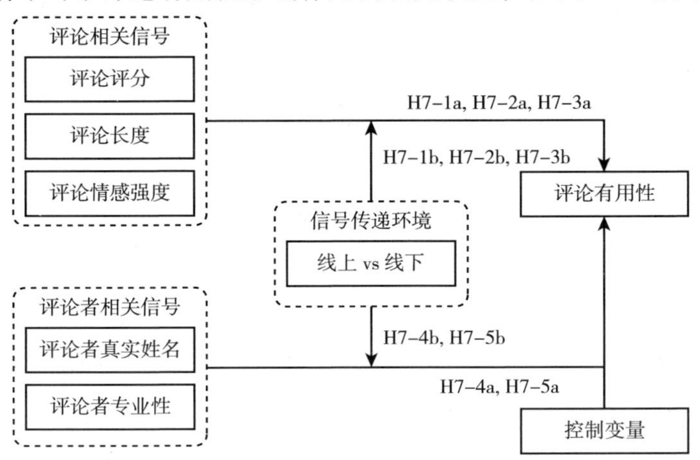

图7－1　研究模型

7.4 研究方法

7.4.1 数据采集

为了验证模型与假设，本章研究采集了苏宁网站（Suning. com）上的实证数据。苏宁是中国最大的全渠道零售商（Huang et al.，2017），在中国300多个城市开设了超过3800多间线下商店，主要销售家用电器和日用商品。苏宁网站创建于2010年1月，从2011年开始苏宁一直是中国排名前三的B2C（Business to Customer）零售商之一（Wang et al.，2018）。作为一家领先的全渠道零售商，苏宁在线零售平台不仅包括了线上渠道的评论，还包括了消费者通过实体商店购买商品后发表的评论。

根据塞勒汉和金（Salehan and Kim，2016）的数据采样方法，我们随机选择至少有100条评论以上的产品类型，包括洗衣机、冰柜、冰箱、空调、电视以及抽油烟机。每条评论的相关数据包括评论评分、评论标签、评论文本、图片数量、评论者姓名、评论者等级、评论时间、评论发布终端以及评论有用性投票数。此外，评论是从苏宁线下商店及线上商店提交的数据同时获取。最终的数据集包括1265条评论，其中534条来自线下商店，731条来自线上商店。

7.4.2 变量与测量

研究变量中因变量为评论有用性，以该条评论获得的有用性投票数量进行测量（Zhou and Guo，2017）。解释变量包括评论评分、评论长度、评论情感强度、评论者真实姓名以及评论者专业性。评论评分按照消费者给出的评论星星数量进行测量（Mudambi and Schuff，2010）。评论长度按照评论包括的总单词数进行测量（Salehan and Kim，2016）。评论情感强度通过Python程序调用SenticNet3应用开放接口和SnowNLP程序包来抽取文本并进行情感强度评分的计算。SenticNet3 作为一个知识库，提供了一整套包含语义、极性以及情感相关的 10 万个人类语言概念（Cambria et al.，2017）。SnowNLP 是一个基于 Python 的库，可以用来对中文文本进行分类、标注、词干分析与语义推理等（Wang et al.，2018）。我们通过 SenticNet3 来抽取一条评论文本内容中的语言概念，再应用 SnowNLP 来对每个文本概念进行分类和极性标注。最后，根据情感强度的定义（Siering et al.，2018），通过计算评论中积极（消极）词语的数量比例来测量评论的情感强度。显示了评论者真实姓名的非匿名评论者被赋值为 1，匿名评论者为 0。评论者专业性通过评论者等级的对数值进行测量（Siering et al.，2018）。评论渠道作为一个二值变量，通过线上渠道发布的被赋值为 1，通过线下渠道发布的被赋值为 0。

我们还考虑了一些控制变量。参考周和郭（Zhou and Guo，2017）的研究，我们控制了评论中是否有图片这一属性，将评论图片作为一个二分变量（1 表示有嵌入图片，0 表示没有）。按照提出的变量测量方法，产品评论发布时长也包括在控制变量中用于控制可能的信息过载。此外，我们还考虑了产品类型以及评论发布终端（Android、iPhone 或 Windows 系统）的差异，以此控制其中的固定效应。

7.4.3　计量模型

考虑到本章研究中在线评论有用性为计数变量，普通多元回归模型并不适合分析此类变量（Zhou and Guo，2017）。因为评论有用性的方差 5.15 远大于其均值 1.7，可能存在过度离散的问题，从而导致模型参数估计中标准误差偏小。同时，考虑到 Poisson 回归一般要求因变量方差等于其均值，Poisson 回归模型也不适合本章研究。相反的是，负二项回归模型（negative binominal regression，NB）能够有效解决过度离散的问题（Fang et al.，2016；Lin et al.，2009）。因此，本章研究采用了负二项回归方法来验证计量模型，公式如下：

$$Helpfulness = \exp[\beta_0 + \beta_1(X) + \beta_2(N) + \beta_3(X \times N) + \beta_4(C) + \varepsilon] \tag{7-1}$$

其中，β_0 表示常数项；β_1、β_2、β_3 以及 β_4 分别表示对应变量的系数；X 为评论评分、评论长度、评论情感强度、评论者真实姓名以及评论者专业性等解释变量；N 表示评论来源渠道的调节变量；C 表示评论图片、评论发表时长、产品类别、评论发布终端类型等控制变量；ε 表示误差项。

7.5 模型结果分析

7.5.1 数据结果

样本数据的描述性统计结果以及变量的相关性分析如表 7－2 所示。方差膨胀因子（variance inflation factors，VIFs）用于评价模型多重共线性的严重程度，结果表明，VIFs 取值为 1.06～4.54，低于一般多重共线性阈值 10（Ren and Hong，2019；Zhang et al.，2010b），说明研究结果不存在严重的多重共线性问题。

表 7－2　　　　变量描述性统计与相关性分析

变量	Mean	SD	min	max	1	2	3	4	5	6	7
1. 有用性	1.70	5.15	0	55							
2. 评论评分	4.87	0.49	1	5	0.03						
3. 评论长度	18.74	25.30	1	222	0.05	－0.16					
4. 评论情感强度	0.41	0.33	0	1	0.32	－0.25	0.34				
5. 评论者真实姓名	0.56	0.50	0	1	0.13	－0.19	0.20	0.02			
6. 评论者专业性	0.70	0.63	0	1.39	0.07	0.24	－0.20	0.18	－0.07		
7. 评论发布时长	21242.64	87.78	20651	21323	－0.31	0.06	－0.12	－0.22	－0.20	0.10	
8. 评论图片	0.65	0.48	0	1	0.17	0.07	0.04	0.09	0.03	0.04	－0.17

表 7－3 为模型回归结果。其中，模型（7－1）包含了所有的解释变量

和控制变量。模型（7－2）至模型（7－6）分别增加了与评论信号和评论者信号相关的交互变量。交互变量通过评论信息来源渠道乘以解释变量产生。在此之前，所有的变量均进行了中心化处理以避免多重共线性问题（Chang and Chuang，2011）。

表7－3　　负二项回归结果

变量	模型(7－1)	模型(7－2)	模型(7－3)	模型(7－4)	模型(7－5)	模型(7－6)
评论评分	0.20*	0.19*	0.18*	0.17*	0.24*	0.26*
评论长度	－0.27***	－0.27***	－0.04	－0.06	－0.08	－0.08
评论情感强度	0.90***	0.90***	0.88***	0.90***	0.81***	0.80***
评论者真实姓名	0.52***	0.52***	0.50***	0.50***	0.54***	0.51***
评论者专业性	0.75***	0.75***	0.76***	0.76***	0.70***	0.53***
评论渠道	0.56***	0.56***	0.47***	0.51***	0.48***	0.31*
评论评分×评论渠道		－5.44E－03	－7.05E－03	－2.56E－03	－0.14	－0.17
评论长度×评论渠道			－0.32**	－0.29*	－0.28*	－0.27*
评论情感强度×评论渠道				－0.07	－0.06	－0.06
评论者真实姓名×评论渠道					－0.57***	－0.50***
评论者专业性×评论渠道						0.29**
评论发布时长	－0.61***	－0.61***	－0.62***	－0.62***	－0.58***	－0.58***
评论图片	0.25***	0.25***	0.24***	0.24***	0.30***	0.31***
产品类型控制变量	Included	Included	Included	Included	Included	Included
评论发布终端控制变量	Included	Included	Included	Included	Included	Included
数据集N	1265	1265	1265	1265	1265	1265
Log pseudolikelihood	－1301.76	－1301.76	－1298.13	－1297.65	－1267.01	－1264.06
Wald χ^2	7326.27	10534.48	10101.93	9967.50	9184.65	11323.34
P value χ^2	0.000	0.000	0.000	0.000	0.000	0.000

注：***表示 $p<0.001$，**表示 $p<0.01$，*表示 $p<0.05$。

如表7－3中模型检验结果显示，评论评分（$\beta=0.20$，$p<0.05$）、评论情感强度（$\beta=0.90$，$p<0.001$）、评论者真实姓名（$\beta=0.52$，$p<0.001$）以及评论者专业性（$\beta=0.75$，$p<0.001$）对评论有用性的影响关系均是正

向显著的，因此假设 7 – 1a、7 – 3a、7 – 4a 和 7 – 5a 得以验证。而评论长度对评论有用性的影响作用却是负向显著的（$\beta = -0.27$，$p < 0.001$），因此，假设 H7 – 2a 没有得到验证。

此外，评论渠道对评论相关信号和评论者相关信号与评论有用性之间关系的调节效应也通过模型进行了检验。如表 7 – 3 所示，评论者真实姓名对评论有用性的影响作用被评论渠道来源负向调节（$\beta = -0.50$，$p < 0.001$），而评论者专业性对评论有用性的影响作用被评论渠道来源正向调节（$\beta = 0.29$，$p < 0.01$）。于是，假设 H7 – 4b 和 H7 – 5b 都得到验证。然而，评论渠道对评论评分、评论情感强度与评论有用性之间关系的调节效应并不显著，系数分别为 $\beta = -0.17$（$p > 0.05$）以及 $\beta = -0.06$（$p > 0.05$），假设 H7 – 1b 和 H7 – 3b 未得到支持。与我们预期相反的是，评论长度与评论有用性之间的关系被评论渠道负向调节（$\beta = -0.29$，$p < 0.01$），假设 H7 – 2b 也没有得到支持。假设检验结果汇总如表 7 – 4 所示。

表 7 – 4　　假设检验结果

假　设	结果
H7 – 1a：更高的评论评分信号与更高的评论有用性相关	支持
H7 – 1b：当评论来自线下渠道时，评论评分对于评论有用性的正向影响会更强烈	不支持
H7 – 2a：更长的评论长度信号与更高的评论有用性相关	不支持
H7 – 2b：当评论来自线下渠道时，评论长度对于评论有用性的正向影响会更强烈	不支持
H7 – 3a：高强度的评论情感会带来更高的评论有用性	支持
H7 – 3b：当评论来自线下渠道时，评论情感强度对于评论有用性的正向影响会被弱化	不支持
H7 – 4a：如果评论者披露了真实姓名，那么他们的评论会被认为更有用	支持
H7 – 4b：当评论来自线下渠道时，评论者真实姓名对评论有用性的正向影响会更强烈	支持
H7 – 5a：如果评论者专业性更高，他们发表的评论将被认为更有用	支持
H7 – 5b：当评论来自线下渠道时，评论者专业性对评论有用性的正向影响会被弱化	支持

7.5.2　稳健性检验

为了检验统计结果的稳健性，本章研究通过其他备选模型进行了测试检验。考虑到数据中因变量存在很多的零值，我们采用了零膨胀负二项模型

(zero-inflated negative binomial regression model，ZINB）来检验结果（Mwalili et al.，2008；Nguyen and Dupuy，2019)。表 7-5 显示了稳健性检验的标准误差（ZINB 模型，NB 模型)。可以发现，零膨胀负二项模型（ZINB）的回归结果与负二项回归（NB）模型结果一致，验证了前述研究模型的结论。

表 7-5　稳健性检验结果

变　量	ZINB 模型		NB 模型	
	系数	稳健性标准差	系数	稳健性标准差
评论评分	0.2506 *	0.1114	0.2589 *	0.1099
评论长度	-0.0887	0.1189	-0.0801	0.1226
评论情感强度	0.7843 ***	0.0750	0.7980 ***	0.0752
评论者真实姓名	0.5248 ***	0.0808	0.5077 ***	0.0796
评论者专业性	0.5228 ***	0.1009	0.5295 ***	0.0996
评论渠道	0.2882 *	0.1392	0.3104 *	0.1391
评论评分 × 评论渠道	-0.1678	0.1226	-0.1714	0.1214
评论长度 × 评论渠道	-0.2591 *	0.1332	-0.2676 *	0.1380
评论情感强度 × 评论渠道	-0.0480	0.0808	-0.0601	0.0803
评论者真实姓名 × 评论渠道	-0.4888 ***	0.0892	-0.5015 ***	0.0869
评论者专业性 × 评论渠道	0.2938 **	0.1080	0.2879 **	0.1067
评论发布时长	-0.5936 ***	0.0779	-0.5802 ***	0.0764
评论图片	0.3106 ***	0.0751	0.3109 ***	0.0748
N	1265		1265	
log pseudolikelihood	-1262.01		-1264.06	
Wald χ^2	10270.13		11323.34	
P value χ^2	0.000		0.000	

注：*** 表示 $p<0.001$，** 表示 $p<0.01$，* 表示 $p<0.05$。

7.6　本章小结

7.6.1　研究结论

本章研究分析了新兴的全渠道零售情景下评论相关信号与评论者相关信

号对评论有用性的影响作用。根据信号理论，本章提出了考虑评论相关信号、评论者相关信号以及信号环境对评论有用性影响的研究模型，并通过全渠道零售商苏宁公司的实际数据进行了实证检验，研究结果揭示了一些重要发现。

首先，本章的研究结果表明评论相关信号与评论者相关信号都显著影响评论有用性。这一发现与以往研究的结论一致（Huang et al.，2015）。这也说明当评论评分和评论情感强度都很高的时候，评论有用性会增加。这一结果也支持了更高的评分与更高的情感强度会导致更高的评论有用性投票的观点。有趣的是，评论长度对有用性的影响与我们的期望相反，可能原因在于Suning.com为评论者和阅读者提供了标签服务。这些评论标签是评论内容的高度概括。因此，标签内容能够为评论阅读者提供足够的信息。基于此，更长的评论可能会引起阅读者的认知过载，从而导致评论有用性感知的降低。全渠道零售环境下评论长度与评论有用性的关系还有待进一步的深入研究。

其次，就评论者相关信号而言，评论者真实姓名和评论者专业性会正向影响评论有用性。这一结论与以往研究的结果一致（Baek et al.，2012；Siering et al.，2018）。这也说明评论者真实姓名这一信号能够提升信号发出人的信息可信度，从而导致有用性投票。同时，结果也证明，当评论者有更高的专业性时，评论则会获得更多的有用性投票。这一研究结论也说明，在全渠道零售环境中要能更好地解释评论有用性，评论相关信号与评论者相关信号都需要考虑到。

再次，本章研究也发现，评论评分和评论情感强度对评论有用性的影响作用并没有因为评论渠道的不同而存在显著差异。产生这一现象的原因可能在于，无论是线上渠道还是线下渠道提交的评论评分和评论内容，实际上都是消费者使用同样的移动零售APP、通过苏宁公司的同一个评论系统所生成的。因此，考虑到全渠道零售商评论系统中评论评分和评论情感的相对不变性，会导致评论渠道对评论相关信号和评论有用性之间关系的调节效应不显著。此外，评论长度对评论有用性的影响被评论渠道负向调节。这一结论说明，当评论通过线上渠道提交时，评论长度对评论有用性的正向影响作用会更加强烈。产生这一现象的原因可能在于，线下渠道的评论来自那些通过线下商店购买的消费者，他们的大部分需求都能在全渠道零售商的线下商店得到满足。于是，这些来自线下渠道的评论通常为平均长度评论，从而导致评论渠道对评论长度和评论有用性的影响关系呈现负向的调节效应。

评论者相关信号对评论有用性的影响作用被评论渠道显著调节。当评论来自线下渠道时，评论者真实姓名对评论有用性的正向影响效应会得到增加，同时评论者专业性对评论有用性的正向影响效应却被弱化了。这一结论说明，当评论者表现出很高的专业性但没有披露真实姓名时，那些评论的潜在阅读者更倾向于关注线下渠道的评论而非线上渠道的评论。这也说明，当评论来自线下渠道时，评论潜在阅读者会更关心评论者相关信号。实际上，具有线下购物体验的评论者通常会被评论读者当作知识型顾客。从另一个角度来看，当信号发送人披露了真实姓名，潜在读者会更为关注线上渠道评论而非线下渠道评论。这一现象往往是由于在线渠道中消费者的风险感知相对更高，评论者真实姓名的披露行为往往会被认为是加强他们所发布信息可信度的有力信号。

最后，本章研究也讨论了相关的控制变量。我们发现评论发布时长会负向影响评论有用性，这一结论与已有研究的结果一致（Ghose and Ipeirotis, 2011；Siering et al. , 2018）。此外，本章研究也发现，评论图片的数量对评论有用性存在正向的影响作用。产生这一现象的原因可能在于，评论者提供的图片会增加产品相关信息和评论权威性，从而会提升评论有用性的投票数量。

7.6.2 理论贡献

本章研究对已有文献的理论贡献体现在以下两个方面。

首先，本章研究将信号理论应用于全渠道零售情景，研究了评论相关信号与评论者相关信号对评论有用性的影响。研究结果证明，信号理论作为一个有效的理论框架，能够解释全渠道零售环境下评论相关信号与评论者相关信号对评论有用性的影响作用。我们的研究为全渠道零售情景中评论有用性的深入探究提供了重要的视角。

其次，以往研究通常聚焦于传统的单一零售渠道情景中评论有用性的影响因素，而本章研究考虑了全渠道零售情景中来自线上和线下不同渠道的评论信息，分析了评论有用性的影响因素。本章研究证实了评论渠道对评论者相关信号（评论者真实姓名和评论者专业性）和评论有用性之间关系的显著调节作用。这一研究从线上和线下渠道的视角出发，为进一步理解在线评论有用性提供了新的思路。

7.6.3 实践意义

本章研究为在线评论平台的管理者和全渠道零售商提供了以下管理启示。

首先，在线评论平台的管理者应该充分认识到评论评分和评论情感强度等评论相关信号对于评论有用性的正向影响作用。在线评论平台管理者应该努力改进评论系统，使消费者能够更加方便地表达他们的偏好、感情、态度以及判断。例如，当评论者在发表对产品或服务的评论时，平台可以将最常见的评论予以总结并提供给评论者作为参考。更为重要的是，针对那些购物体验得到满足或超过原有期望的消费者，平台更应该提供高质量的产品和服务，因为这类消费者属于更有可能发表高情感强度评论的信号发送人。此外，评论长度对评论有用性的负向影响作用的管理应用也应该得到重视。平台管理者应该改进平台功能以限制一定的评论长度，因为更长的评论会需要评论阅读者投入更多的认知努力并可能引起信息过载。

其次，就评论者相关信号而言，评论者真实姓名和评论者专业性对于评论有用性存在正向的影响作用。平台管理者应该清晰地标示评论者的专业水平并且鼓励评论者在提交评论时披露自己的真实姓名。例如，可以通过提供优惠券或会员折扣等奖励来鼓励评论者提供真实姓名。此外，在专家评论者发表评论时给予他们额外的激励。比如，专家评论者发表的评论可以被放置在评论序列的最前面。

最后，通过全渠道零售商线下渠道提交的评论会弱化评论长度对评论有用性的负面影响。全渠道零售商应该努力去激励那些有线下商店购物体验的消费者发表评论，这类评论与来自线上渠道的评论比较而言，更有可能获得更高的评论有用性投票。此外，来自线下渠道的评论中评论者真实姓名对于评论有用性的正向影响会进一步得到增强。全渠道零售商应该针对不同评论渠道来源采取不同的策略。对那些来自线下零售渠道的评论，全渠道零售商重点在于鼓励评论者提供真实姓名，例如，可以通过为这些评论者提供额外的荣誉勋章来鼓励他们披露真实姓名。此外，当评论来自线下渠道时，评论者专业性对评论有用性的正向影响作用会被减弱。显然，全渠道零售应该针对线上渠道和线下渠道的评论分别测算评论者的专业性，这样评论读者会更加容易分辨不同渠道中评论者专业性的评分，从而给出更合理的评论有用性投票。

7.6.4 研究局限与未来研究方向

首先，考虑到数据样本的选择性偏差，在本章研究中仅考虑了发表评论的消费者，而那些通过全渠道零售商在线渠道或线下店铺购买了特定商品却没有发表评论的消费者意见没有考虑在内。这也是通过采集评论网站上产品评论二手数据进行评论有用性研究的普遍性局限。因此，采用其他研究方法来弥补这一弊端是未来研究中需要关注的问题，比如通过问卷调查或眼动追踪实验等方法来进行补充。

其次，我们的研究对象是中国知名的全渠道零售商苏宁公司。而其他的全渠道零售商，例如亚马逊和苹果公司，它们的在线零售网站 Amazon. com 和 Apple. com 与 Suning. com 比较起来，在用户评论方面又有显著的区别。未来的研究需要进一步考虑到不同类型的全渠道零售网站，使本章研究获得更具普遍性的结论。

第8章　新零售模式中管理者在线回复对评论有用性的影响研究

8.1　引　　言

在新零售环境下，跨渠道整合的特点使得消费者在售前、售中以及售后各阶段，通过线上、线下渠道浏览和选购商品或服务，并获得完整的客户体验。以典型的酒店新零售流程为例，消费者通过网络浏览选择喜欢的酒店并进行在线预订，到达酒店后由前台服务人员协助办理入住手续，入住后消费者通过酒店设施、客房服务等因素形成对该酒店的服务体验和价值感知，当该服务订单完成后，消费者回到线上对酒店进行评论和评分。酒店管理人员浏览到相关评论后，会进行在线回复与沟通，以期进行客户关系的维护。消费者的跨渠道行为包括线下体验与在线评论行为，酒店的跨渠道行为包括线下服务与线上回复行为。这些跨渠道行为对于潜在消费者购买决策的影响，以及对于酒店的经营绩效带来的长期效应是值得关注的现实问题。

在网络购物平台上，消费者可以自由地发表关于产品或服务消费体验的评论信息，这些信息能够帮助潜在消费者做出消费决策（Ye et al.，2011）。然而，在线评论数量的急剧上升，使得消费者阅读评论的压力增加（Blal and Sturman，2014）。为了减轻消费者阅读评论的压力，Amazon网站率先增加了有用性投票功能，该功能帮助消费者筛选出有用的评论，避免阅读不必要的评论（Chua and Banerjee，2016；苗蕊和徐健，2018）。

近年来，很多学者从评论者和评论内容两个方面研究了评论有用性的影响因素。评论者因素的研究主要从评论者的身份信息揭露、专家知识以及声望等方面展开（Forman et al. , 2008；Liu and Park，2015；Racherla and Friske，2012；Siering et al. , 2018）；从评论内容因素出发的研究主要考虑了评论长度（王智生等，2016；张艳辉等，2017）、评论情感（Chua and Banerjee，2016）、评论星级（Mudambi and Schuff，2010）以及评论可读性等特征（Agnihotri and Bhattacharya，2016；Liu and Park，2015；Siering et al. , 2018）。采用的研究方法大多为多元回归分析方法（Fang et al. , 2016；Zhou and Guo，2017）和机器学习方法（Guo et al. , 2017；Hou et al. , 2019；Lee et al. , 2018）等。

现有研究认为，对于潜在消费者极端消极的评论会比极端积极的评论更有用（Lee et al. , 2017），原因在于消费者为了避免损失，更倾向于规避风险，避免购买的产品或服务与个人需求不匹配，极端消极的评论会提供更直接的参考价值。以在线旅游行业为例，极端消极的评论对旅游产品的在线销售会有明显的负面影响，而管理者对该评论的及时关注与认真回复是挽救这一负面影响的首要举措。一般认为，管理者的及时回复能够体现管理者对消费者的重视程度，体现企业的服务态度和服务形象（Kwok and Xie，2016）。此外，根据服务补救理论，管理者对极端消极的评论进行及时回复，能减轻消费者的不满（Xie et al. , 2014），而回复内容的详尽程度有助于改善消费者不满意情绪，也利于更多的潜在消费者充分了解企业所提供的产品或服务，减少潜在消费者心中的不确定性，帮助他们做出理性的购买决策（Kwok and Xie，2016）。

我们可以发现，以往研究关注了管理者回复与消费者评价及酒店经营绩效之间的关系（Lee et al. , 2017；Lee and Song，2010；Xie et al. , 2014），很少关注管理者回复对于在线评论有用性本身的影响。但是，评论有用性的投票人不仅包括已经购买产品和服务的消费者，还包括了众多的潜在消费者。从在线客户关系管理的视角出发，关注潜在消费者对企业产品或服务的评价非常有必要。因此，本章研究创新性地从管理者回复长度和回复及时性的视角出发，通过网络爬虫获取了纽约和洛杉矶两个城市 83

个酒店的 21197 条评论数据，通过实证研究来揭示管理者回复对评论有用性的调节机制。

8.2 理论基础与研究假设

不确定性减少理论（uncertainty reduction theory）认为，消费者为了获得更多信息，往往会搜索和查询更多产品或服务相关的内容。为了减少产品或服务的不确定性，消费者会主动进行信息搜索和信息交流，当产品或服务相关的信息不断增多的时候，相应的不确定性就会相应减少（Lee et al.，2017）。服务补救理论（service recovery theory）认为，服务补救是企业为解决客户对感知到的服务失败的抱怨而进行的活动，企业通过服务补救活动来弥补服务过程中出现的失误，及时的补救措施不仅能挽回客户，还能提高顾客的忠诚度和满意度（Krishna et al.，2011；Spreng Richard et al.，1995；Wallin Andreassen，2000）。因此，潜在消费者通过网络上的产品或服务评论来获取更多信息。但是，为了规避可能的风险，潜在消费者往往更加关注消极负面评论的描述信息。同时，企业对于这一负面评价的回复情况，也会吸引他们的注意力。该产品或服务的已有评论和企业回复会进一步影响潜在消费者对于这一评论信息有用性价值的判断。

8.2.1 评论情感与评论有用性之间的关系

评论情感（review sentiment）是针对评论文本所表现出来的消费者对所提供的产品或服务积极、消极或中立的情感。学者们认为，潜在消费者感知到的具有极端情感的评论会更加有用（Fang et al.，2016）。因为带有极端情感的言论都会被认为更具有说服力，更具有说服力的评论将会有更大的可能性被潜在消费者认同（Fang et al.，2016）。曹等（Cao et al.，2011）也表示，带有极端意见的评论比持有中立或混合意见的评论更有用。此外，还有学者研究表明，消极的评论比积极的评论更可信，但是积极评论比消极评论更能带来最初的信任（Kusumasondjaja et al.，2012）。

李等（Lee et al.，2017）认为，消极的评论会比积极的评论更具有诊断性和可信度。前景理论（prospect theory）表明，大多数人在面临利益获得时更倾向于风险规避，但是在面临损失时却倾向于风险偏好（Kwok and Xie，2016）。因此，消费者在购买决策中往往会更倾向于尽可能多地了解潜在风险，阅读消极负面的评论，从而来规避风险。已有研究表明，消极评论会比积极评论更能影响消费者的购买决策（Lee et al.，2017）。由此可见，潜在消费者的想法和购买行为都很容易受到评论情感的影响（Agnihotri and Bhattacharya，2016），因此我们提出以下假设。

H8-1：极端的评论情感将会获得更多的有用性投票。

8.2.2 评论星级与评论有用性之间的关系

评论星级（review star ratings）是消费者对产品或服务的整体评价（Zhu et al.，2014），通常以1星到5星的形式反映出消费者对产品或服务的满意程度，其中，1星代表很不满意，3星表示一般，5星表示很满意（Mudambi and Schuff，2010；Racherla and Friske，2012；Zhou and Guo，2017）。评论星级有助于潜在消费者快速判断评论者对消费产品或服务的态度和情感（Fang et al.，2016）。因此，评论星级被认为是影响消费者感知产品或服务评价的重要因素（Kwok and Xie，2016），通常被平台管理者放置在最显眼的位置，会引起潜在消费者的注意，影响消费者购买决策（Chua and Banerjee，2015）。

有学者认为，极端积极或消极的评论星级会比中等的评论星级更有用（Korfiatis et al.，2012），因为极端评论能提供有力的证据支持或反对消费的产品或服务，帮助消费者做出购买决策（Forman et al.，2008）。还有学者认为，中等的评论星级比极端的评论星级更有用，因为中等星级的评论更加全面呈现消费产品的优缺点（Chua and Banerjee，2015）。同样根据前景理论，消费者为了避免损失往往会更倾向于阅读消极负面的评论。因此我们提出以下假设。

H8 -2：极端的评论星级将会获得更多的有用性投票。

8.2.3 管理者回复对评论有用性的调节效应

根据不确定性减少理论，管理者回复内容越长，包含的信息量就会越多，对评论的价值就会更多，评论的有用性也会得到增加（Daft and Lengel，1986）。管理者回复内容越多、回复越长，对评论内容的情感也越会产生影响。对于极端的评论情感，管理者回复内容越长，对于只关注到客观层面的潜在消费者来说，他们会认为管理者过分解释服务失败，或者过分感激积极情感的评论内容，对于这两种极端情感的过分解释都会引起潜在消费者的反感，从而更加赞同极端评论的评论内容，影响有用性的投票数量。而且，对于极端消极的评论内容，管理者的回复内容过长则间接地向潜在消费者承认实际情况的确如评论描述所言，反而加强了极端消极评论的有用性。对于评论星级而言，回复内容长度越长对于极端积极或极端消极的评论星级而言都会被认为是过分感激服务赞赏或过分解释服务失败，从而影响评论有用性投票。芬克等（Fink et al.，2018）提出，过长的在线评论不一定是更好的，他们认为评论长度与其影响效果呈现出倒“U”形关系。

已有的评论有用性研究证明，评论文本内容越长，表明评论者对于所评论对象的了解程度越深入（Pan and Zhang，2011；Zhou and Guo，2017）。同样的，我们可以认为，管理者回复内容越长，可以说明管理者对评论内容越重视，情况研究越深入，对消费者有用性投票会带来潜在影响。根据信息处理理论，当所获取的信息量过于丰富或者过于稀少的时候，信息的使用会在一定程度上受到限制（Fink et al.，2018）。此外，用户在线评论中存在一个典型现象，即越长的评论内容越难吸引消费者注意力，越精简反而会越有用（Qazi et al.，2016）。作为在线评论的补充信息，管理者回复可能也会受到这一规律影响。因此，我们提出以下假设。

H8 -3a：管理者回复长度对评论情感与评论有用性投票之间的影响作用具有负向调节效应。

H8-3b：管理者回复长度对评论星级与评论有用性投票之间的影响作用具有负向调节效应。

根据哈特等（Hart et al.，1990）提出的服务补救理论，管理者补救因服务失误而导致的消费者抱怨，管理者对抱怨的内容做出回应、补偿或者道歉等行为，目的是通过补救措施，再次建立消费者的满意度和忠诚度。因此，管理者及时处理消费者的不满，不仅能够挽回消费者，增强消费者的忠诚度，而且还能影响潜在消费者的感知满意度，增加评论内容的有用性。

同时，管理者及时进行回复可以有效降低消极评论情感的影响，对于潜在消费者而言，及时的回复表明管理者对消费者的重视。杨海龙等（2013）研究了酒店回复速度对客户满意度的影响，结果表明及时补救能够影响消费者的满意度。唐小飞等（2011）也认为，“及时补救”是处理消费者不满最重要和最有效的方法之一。

因此，及时处理消极的评论能够快速减轻消费者对服务的不满，消费者在发表消极评论时感性思维占据上风，管理者及时回应消费者的不满，能有效减轻消费者不满情绪，减少消极评论对潜在消费者的影响，以此增加评论有用性。对于积极评论的及时回复能够表达管理者的感激之情，影响潜在消费者对评论内容的感知，增加评论有用性。对于评论星级而言，管理者及时回复能够降低消极评分对潜在消费者的影响，缓和消极评分对潜在消费者的冲击，减轻其影响；对积极评分的回复，能够有效巩固其影响，增加评论有用性。因此我们提出以下假设。

H8-4a：管理者回复及时性对评论情感与评论有用性投票之间的影响作用具有正向调节效应。

H8-4b：管理者回复及时性对评论星级与评论有用性投票之间的影响作用具有正向调节效应。

因此，本章基于服务补救理论和不确定性减少理论提出以下研究模型，如图8-1所示。

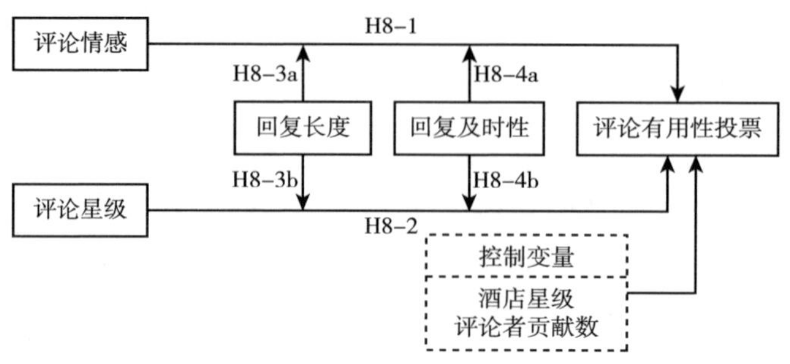

图 8－1　研究模型

8.3　研究方法

8.3.1　变量测量

本章研究应用 Python 语言编写了网络爬虫程序，用于获取 TripAdvisor 网站上酒店的英文评论数据。软件自动爬取数据的时间区间为 2018 年 11 月 20 日至 2019 年 3 月 15 日。TripAdvisor 网站是全球最受欢迎的旅游网站之一，该网站有 5 亿多条旅游评论和推荐信息，并且每天新增 20 多万条评论。本章研究选取了该网站上美国纽约和洛杉矶两大城市 83 个酒店的评论数据共 48319 条。纽约和洛杉矶分别是美国东部和西部的代表性旅游城市，每年的国际游客众多，城市酒店业发达。全部数据中剔除没有管理者回复的数据 17890 条，空值或异常值的数据 9232 条，共获取 21197 条有效数据。考虑到本章的因变量为非负计数变量且方差大于均值，本章研究采用了负二项回归模型，该模型还可以校正变量的过度离散并考虑遗漏的变量偏差（Fang et al.，2016；Lin et al.，2009）。本章的数据分析采用了 STATA 13.0 计量分析软件。

8.3.2　数据收集

本章研究模型一共有 7 个变量，其中因变量为评论有用性投票数，范围从0到某一个正数，自变量包括评论情感和评论星级。评论情感采用了Python中TextBlob程序包来计算情感值得分（Micu et al.，2017）。TextBlob程序包提供了一个应用程序接口（API），用于处理常见的英文语言处理任务，通过建立特征词频库，根据词语出现的词频判断整句的情感方向和具体相对值。基于TextBlob程序包计算所获得的文本情感值，范围从 -1 到1，其中 -1 表示极端负面的情感，0 表示中立的情感态度，1 表示极端正面的情感。评论星级是消费者对产品或服务所进行的综合评价，1 星代表极端负面评论，3 星代表中性评论，5 星代表极端正面评论。调节变量是管理者回复，即商家对消费者发表的在线评论进行的回复，包括回复长度和回复及时性两个维度。回复长度表示管理者回复内容的字数，本章采用Excel中LEN（）函数来计算评论文本的长度；回复及时性是评论者发布时间与管理者回复时间之间的时间差（Xie et al.，2017），以天为计量单位，采用Excel中DATEDIF（）函数计算两个日期间隔的天数，取值越小，说明回复及时性越高。控制变量包括酒店星级和评论者贡献数，酒店星级是TripAdvisor网站公布的酒店设施和服务水平的评分，范围为1～5。评论者贡献数即评论者发表的总的评论数量，范围从0到某一个正数。

8.4　数据分析与研究结果

8.4.1　描述性统计与变量相关性分析

研究变量的描述性统计结果如表8-1所示。其中，有用性投票数的均值为0.847，标准差为2.290，最小值为0，最大值为153，且服从右偏分布，其中0所占百分比为59.5%，0～1所占累积百分比为82.7%，说明大部分评论没有获得有用性投票。评论的情感均值为0.279，在0附近，评论内容偏中性情感，标准差为0.180，最小值约为 -0.975，最大值为1。评论星级范围是1～5，均值为4.145，即好评居多，标准差为1.070。回复长度均值为75.156，即大部分回复长度字数在75个字左右，标准差为46.161，范围为

3～1312。回复及时性的均值为 30.983，即管理者一个月左右回复评论，标准差为 214.707，标准差比较大，即不同酒店的管理者回复及时性差距较大，最小值为 0，最大值为 5325。酒店星级均值为 4.276，标准差为 0.255，最小值为 3.5，最大值为 4.5，表明本次数据收集为中高端酒店，星级较高。评论者贡献数均值为 55.708，标准差为 126.055，最小值为 0，最大值为 6669，标准差比较大，说评论者发表的评论数差异较大。

表 8-1　　　　　描述性统计结果

变量	均值	标准差	最小值	最大值
有用性投票数	0.847	2.290	0	153
评论情感	0.279	0.180	-0.975	1
评论星级	4.145	1.070	1	5
回复长度	75.156	46.161	3	1312
回复及时性	30.983	214.707	0	5325
酒店星级	4.276	0.255	3.5	4.5
评论者贡献数	55.708	126.055	0	6669

注：样本容量 $N=21197$。

表 8-2 为变量相关性分析结果，可以看出，自变量之间的相关性不高，范围为 -0.2658～0.5153，说明变量之间不存在严重多重共线性的可能。

表 8-2　　　　　变量相关性分析

变量	有用性投票数	评论情感	评论星级	回复长度	回复及时性	酒店星级	评论者贡献数
有用性投票数	1						
评论情感	-0.0697*	1					
评论星级	-0.1091*	0.5153*	1				
回复长度	0.0440*	-0.1318*	-0.2658*	1			
回复及时性	0.2489*	-0.0432*	-0.1140*	-0.0219*	1		
酒店星级	-0.1140*	0.0948*	0.1342*	0.0575*	-0.1295*	1	
评论者贡献数	-0.0281*	-0.0613*	-0.0425*	0.0198*	-0.0296*	0.0322*	1

注：* 表示 $p<0.05$。

8.4.2 回归分析

负二项回归模型结果如表 8－3 所示，Likelihood-ratio（$p=0.000$）高度显著，且 Pseudo R^2值分别为 0.0452、0.0454 和 0.0533，表明模型选择适合。可以发现，评论情感（$\beta=-0.5217$，$p<0.001$）与评论有用性投票具有显著的负向相关关系，即评论情感得分越低（极端负面情感），评论有用性投票越多，结论支持 H8－1。评论星级（$\beta=-0.1335$，$p<0.001$）与评论有用性投票也具有显著的负向相关关系，即评论星级越低对评论有用性的影响越显著，结论支持 H8－2。同时，管理者回复长度负向调节了评论情感（$\beta=-0.0031$，$p<0.05$）与评论有用性投票之间的关系，结论支持 H8－3a。同样地，管理者回复及时性正向调节了评论星级（$\beta=0.0006$，$p<0.001$）与评论有用性投票之间的关系，结论支持 H8－4b。

表 8－3　　负二项回归模型结果

有用性投票	变量	模型 8－1	模型 8－2	模型 8－3
自变量	评论情感	－0.5217***	－0.2743*	－0.3513**
	评论星级	－0.1335***	－0.1265***	－0.1688***
调节变量	回复长度	0.0025***	0.0034***	0.0028***
	回复及时性	0.0018***	0.0018***	－0.0005***
控制变量	酒店星级	－0.7287***	－0.7236***	－0.6751***
	评论者贡献数	－0.0004***	－0.0004***	－0.0004***
交互项	评论情感×回复长度		－0.0031*	－0.0028*
	评论星级×回复长度		－0.0001	0.0001
	评论情感×回复及时性			0.0004
	评论星级×回复及时性			0.0006***
N		21197	21197	21197
log likelihood		－25281.302	－25277.58	－25068.095
LR chi2		2396.20	2403.65	2822.62
Prob > chi2		0.000	0.000	0.000
Pseudo R^2		0.0452	0.0454	0.0533
Likelihood-ratio test of alpha = 0		1.2e+04	1.2e+04	8733.05
Prob > = chibar2		0.000	0.000	0.000

注：*** 表示 $p<0.001$，** 表示 $p<0.01$，* 表示 $p<0.05$。

8.4.3 结果分析

首先，根据负二项回归分析结果可以发现，评论情感对评论有用性具有显著影响，其中评论情感的回归系数为 -0.5217，表明评论的负面情感越强烈，评论有用性投票越多。根据前景理论，消费者更倾向于相信负面情感的评论，该研究结果与先前的研究结论一致（Lee et al.，2017）。评论星级对评论有用性也有显著影响，其回归系数为 -0.1335，表明评论星级越低，评论有用性投票反而越多，此结论与科菲亚蒂斯等（Korfiatis et al.，2012）的研究一致，即极端积极或消极的评论星级会更加有用。

其次，回复长度显著调节评论情感对评论有用性投票影响作用（$p < 0.05$），其回归系数小于0，即回复长度负向调节评论情感与评论有用性投票之间的关系。如图 8-2 所示，与回复长度处于较低水平相比，当回复长度处于较高水平时，评论情感与评论有用性投票的负向关系更强（简单斜率分别为$\beta_1 = -0.3642$，$\beta_2 = -0.6504$，$p < 0.001$），即回复长度越长，对评论情感和评论有用性之间影响关系的负向调节作用就越弱。可能原因在于，回复长度从另一方面反映出商家提供的服务确实不能令消费者满意，才需要在消费者表达极端不满的时候，通过回复负面评论这一方式来提供尽可能多的信息，以此弥补和解释服务过失；但过于冗长的管理者回复并不能弱化潜在消费者对于极端负面评论有用性的认可，故而潜在消费者可能更加认同评论内容，还是坚持评论有用性的投票。但是，回复长度对评论星级与有用性投票之间关系的调节作用是不显著的，可能原因在于，回复长度客观上体现了酒店的服务态度，对于评论者的评论星级不会产生太大影响。评论者的评论星级表达的是评论者主观上对酒店整体服务的满意程度，管理者回复长度的差异不能间接影响评论星级对有用性投票之间的关系。

最后，管理者回复及时性对评论情感与评论有用性之间影响的调节效应不显著。可能原因在于，极端情感是消费者对服务满意度的表达，

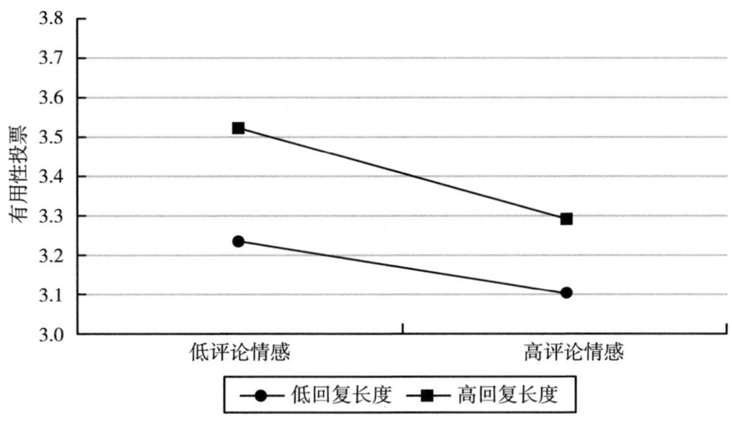

图 8－2　回复长度的调节作用

而回复及时性只是管理者回复的时间快慢，不足以影响到潜在消费者对评论极端情感的赞同，因此回复及时性对于评论情感与评论有用性投票的调节效果并不显著。但是，管理者回复及时性对评论星级与评论有用性投票之间的关系具有显著的调节作用（$p<0.001$），其回归系数大于0，即管理者回复及时性正向调节评论星级对评论有用性投票的影响作用。如图 8－3 所示，与回复及时性处于较低水平相比，当回复及时性处于较高水平时，评论星级与评论有用性投票的负向关系更强（简单斜率分别为 $\beta_1=-0.2790$，$\beta_2=-0.0214$，$p<0.001$），即回复及时性取值越高时（管理者回复时间与评论时间之间的时差越大，回复越不及时），对评论星级与评论有用性二者之间关系的调节作用越强，可能从一定程度上说明了客户给出低评论星级的合理性，也能够增加该条评论的有用性投票。回复及时性体现管理者对客户服务的重视程度，未能及时回复消费者的评论表达，不仅错过了影响潜在客户的最佳时机，而且还消极影响潜在消费者对酒店客户服务态度的心理期望；反过来，管理者回复越及时，体现酒店对客户越重视，客户给出的不满意评分可能是偶然服务失误，不会显著增加该评论的有用性投票，不会大面积影响到潜在消费者的心理评价。

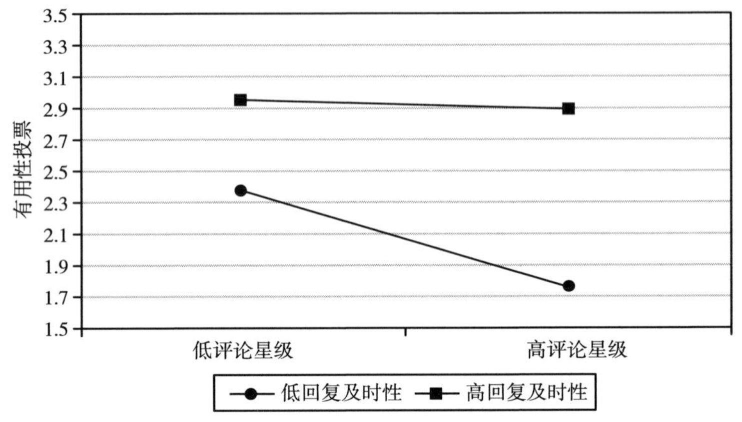

图 8－3　回复及时性的调节作用

8.5　本章小结

本章研究从管理者回复长度和回复及时性的视角出发，将这两者作为调节变量，探讨了影响评论有用性的因素，通过 Python 爬虫获取的 TripAdvisor 网站评论数据，实证检验了管理者回复的调节效应。郭和谢（Kwok and Xie，2016）的研究仅仅关注了管理者是否回复这一变量对在线评论有用性投票的影响。本章研究创新性地从管理者回复长度和回复及时性两个维度去研究管理者回复对评论有用性投票的影响机制，尤其是回复长度和回复及时性对评论情感、评论星级与评论有用性之间关系的调节效应，弥补了以往仅仅聚焦于评论者视角的评论有用性研究。本章研究将其拓展到管理者视角，丰富了评论有用性研究的内容。

本章研究实验结果揭示了负面评论情感以及低评论星级对评论有用性的影响作用是显著的。这一结论与李等（Lee et al.，2017）的研究结果一致，他们认为评论星级低的评论更有用，而且消极的评论星级与评论情感的表达在消费者信息处理和决策过程中占据重要作用。另外，管理者回复长度对评论情感与评论有用性投票之间关系具有显著的负向调节效应。根据信息处理理论，当人们对于信息处理的要求超过自身能力的限制时，信息处理的表现就会恶化（Jacoby，1977）。因此，管理者回复长度越长，会降低评论情感对评论有用性投票的影响效果。即当评论情感对于评论有用性投票有正向影响效果时，管理者应当减少回复的内容长度，从而避免由于过分解释反而影响了评论有用性投票。此外，回复及时性对评论星级与评论有用性投票之间关系具有显著的正向调节效应。沃林·安德里森（Wallin Andreassen，2000）认为，当消费者进行服务不满的投诉时，管理者回复速度是消费者关注的重中之重，管理者应当及时反馈消费者投诉。消费者评分越低，管理者回复的及时性越重要，否则这一负面投诉可能得到更多的消费者认同，从而得到更多的有用性投票。

从实践角度来看，在社交网络时代，酒店管理者应当高度重视网络口碑管理。管理者及时回复评论内容，尤其是负面评论是非常必要的。管理者应该认真对待消费者的抱怨，真诚道歉并尽可能解释服务出现失误的原因，且提供可能的服务补偿。但冗长、雷同的回复内容并不能缓解消费者的负面评价，并不能说明管理者在认真对待这一负面抱怨。同时，潜在消费者应当结合管理者回复内容，客观地看待极端负面的评论，更加关注管理者的回复及时性，可以更好地了解到管理者对客户的真实态度，以及管理者对服务失误的责任和担当，从而给出更客观的评论有用性投票。此外，对于TripAdvisor等第三方平台来说，为了提升酒店服务质量，平台可以在酒店用户端设置评论自动提醒功能，提醒酒店管理者及时回复在线评论，尤其是对于评分低的负面评论进行重点提醒。在服务补救有效的时间内，帮助酒店管理者及时回复这些评论内容。同时，平台可针对管理者回复内容做一些智能化设计，通过字数控制以及重复率计算等措施，防止管理者以过于冗长且模式化的内容进行回复。

本章研究存在一些不足，在以后的研究中，可以进一步拓展研究数据的覆盖面，从在线旅游到在线零售、在线医疗服务等其他行业；本章仅考虑了管理者回复长度和回复及时性这两个维度，未来可以细化管理者回复的维度，引入更多的变量如评论文本内容等，进一步深入研究管理者回复对评论有用性的影响机制。

第9章　新零售供应链中的口碑影响效应与渠道服务合作研究

9.1　引　言

随着电子商务的普及应用，供应链系统在上游供应商、制造商、零售商以及终端顾客之间的沟通方式变得更加高效和快捷。互联网和信息技术重塑了供应链系统的信息共享机制以及协作模式（Liu et al.，2013）。在零售行业中，首先，实物商品网络零售交易额占社会消费品零售总额的比例逐年上升，网络零售对传统零售的渗透作用持续增强；其次，网络零售对传统零售的巨大冲击促进了零售商业模式的持续创新，PC电子商务持续向移动电子商务迁移，以社交网络、用户内容创造、口碑推荐等为特征的社会商务（social commerce）模式逐渐成为主流（Stephen and Toubia，2010；Xu et al.，2017）。

在社会商务模式中，零售商通过第三方网络平台来聚合顾客网络口碑，从而实现商品销售的模式是非常具有代表性的。这一类第三方平台被称为信息中介（infomediary），包括社交网站、比较购物网站、分类信息网站、主题社区等类型（Cheung and Thadani，2012）。信息中介将产品介绍与顾客评论等信息通过专业化的筛选与加工后呈现给潜在顾客，帮助他们进行购买决策，并将潜在顾客链接至零售商处，由零售商负责订单履行，而顾客购后评价信息再反馈回信息中介，从而形成新评论信息的积累。我们可以看到，信息中介的经济价值主要体现在以下两方面：一方面，信息中介降低了零售商与顾客之间进行需求匹配所需要付出的高昂信息搜索成本（Lal and Sarvary，1999；Lee and Clark，1996）；另一方面，信息中介能够在一定程度上弥补顾客信息需求与厂商信息供给能力之间的鸿沟，因为顾客对于产品质量、售后服务、卖方信用以及竞争品等信息量的期望远远超过厂商愿意或者能够提供的信息量（Hagel Ⅲ and Rayport，1997）。因此，在网络零售中，信息中介通过控制买卖双方之间的信息流来为双方提供增值活动与服务（Turban et al.，2007）。例如搜狐旗下的购物搜索网站——搜狗购物（gouwu. sogou. com）集中了主要的在线购物网站的商品目录，网站用户可以方便地对不同购物网站提供的商品价格、可售数量、售后服务以及用户评价等信息进行比较，从而链接到最合适的购物站点。去哪儿（Qunar. com）是中国成长迅速的旅游产品在线搜索引擎，网站帮助用户进行酒店、景点门票等旅游产品的比较，并通过链接推荐用户至特定网站实现快速预定，最后至线下酒店或景点进行购买支付与消费。大众点评（Dianping. com）聚焦于餐饮行业，通过消费者评论的聚合和餐厅评分，向消费者提供特色餐馆与美食的推荐和预订服务。

与传统零售供应链比较起来，基于第三方信息中介的零售供应链主要区别体现在以下三个方面。

（1）顾客需求引导权的旁落。在社交网络上，亿万网络用户成为信息提供和聚合的主体，顾客在消费选择上变得越来越“聪明”，而零售商对于需求的主动控制却变得越来越困难（Bell et al.，2018；Viswanathan et al.，2007）。零售商完全引导与把握消费需求的时代已经不在。现在，被海量信息与社交网络包围的消费者，主动需求与被动需求反而越来越多，主动需求来源于消费者主动搜索、分析相关信息产生购买需求；被动需求也不再是零售商主导，而是由社交网络上其他顾客的口碑分享所触发的模仿性需求。越来越多的网购族在他们购买商品、外出用餐、假期旅行时，通过浏览各种信息中介网站，以此获得足够多的在线评论信息，然后再决定其消费选择。网络口碑（electronic word-of-mouth，eWOM）在网络消费者购买决策中发挥着越来越重要的作用。对于厂商而言，口碑营销与粉丝经济成为屡试不爽的营销新武器，而掌握顾客注册信息与在线行为等大数据更是成为社会商务时代零售业竞争的焦点（Cho and Tang，2013）。因此，在现代零售中，网络口碑已然成为零售商激发需求与获取顾客的关键要素。

（2）零售渠道结构的剧变。早期观点认为，网络直销极大地降低了交易成本，在线渠道会逐渐侵蚀乃至完全取代传统分销渠道。但现实恰恰相反，网络并没有消灭分销模式，反而引发了在线渠道的再中介化（reintermediation）现象（Kollmann et al.，2012），产生了新的在线分销模式，即第三方信息中介通过其口碑集合与信息加工成为网购人群的专业门户与消费社区，信息中介成为零售商产品的在线陈列中心和虚拟分销渠道。此外，消费者出现的大量跨渠道行为，如ROPO行为使得信息中介成为线上向线下零售“引流”的渠道（Huang and Van Mieghem，2014）。因此，在“互联网+”背景下渠道融合是大势所趋，第三方信息中介已经成为需求聚合的平台、口碑分享的平台以及导购服务的平台。第三方信息中介正在成为零售供应链中至关重要的角色。

（3）零售流程的再造与供应链角色的重塑。在传统零售供应链中，供应商、经销商、零售商等形成自上而下的信息流、商流与物流融合的流通结构。但是，基于信息中介的零售供应链，其流程与角色却发生了根本性的变化（Ghose et al.，2007）。信息中介不再是商流与物流的管道，他们不再向零售商采购实体产品，而是将采集的顾客订单数据作为服务产品销售给零售商来获取利润。从某种意义上而言，信息中介反倒成为零售商的上游信息供应商；同时，信息中介也不直接面向终端顾客提供实体产品，他们反而需要从顾客那里获得信息产品，即eWOM，因为信息中介为了激励顾客提供高质量的评论信息，往往根据推荐行为支付给顾客相应的奖励，此时顾客反倒成为eWOM的供应商，而信息中介成了下游的需求方。因此，在基于信息中介的零售供应链中，零售流程发生了颠覆，供应链成员属性从单一角色变成双重角色。

因此，基于第三方信息中介的零售行业新商业模式已经形成。在这一新的商业模式中，零售商供应链的内、外部因素都发生了根本性的变化，eWOM影响下的需求形成、渠道成员合作以及相应的营销决策等问题亟待深入探讨。

9.2 相关文献综述

9.2.1 网络口碑与口碑营销

当前，互联网已经成为消费者收集产品与厂商信息的重要方式。各类互联网在线平台的出现，使消费者更加容易获得口碑信息，也更加容易受到企业口碑营销策略的影响（Trusov et al.，2009）。网络口碑的概念从传统的口碑基本概念演化而来（Jeong and Jang，2011）。利特温等（Litvin et al.，2008）指出，网络口碑作为一种互联网信息传播模式，能够把特定产品或服务的相关信息从已有用户传播给潜在消费者。一般来说，网络口碑的主要形式包括产品或服务的评分或评论信息。跟传统口碑不一样，网络口碑有着更快的传播速度以及更广泛的传播范围（Hu et al.，2011；Park and Lee，2009）。此外，基于信息中介的网络口碑传播模式由于其匿名性、及时性以及无边界性，彻底打破了传播沟通中面对面传播的范围限制。

消费者在线购物时，网络口碑显著影响着消费者的购买决策以及在线销售平台的销售决策（Dellarocas，2003；宋晓兵等，2011；张敏和张哲，2015）。已有文献试图从两个层面揭示网络口碑的原理与作用规律（Lee and Lee，2009；杨铭等，2012）：一是从消费者层面，分析顾客发布口碑信息与受口碑影响进行购买决策的内在机理与过程，实证研究占绝大多数；二是从企业层面，探讨顾客口碑对产品销售等厂商决策的影响，主要方法是实证研究与建模研究。

首先，从消费者层面而言，已有研究揭示了消费者评论和体验信息的分享与传播显著影响了其他消费者的购物决策和商家选择。亨尼格－瑟劳等（Hennig-Thurau et al.，2004）进行的研究发现了消费者传播网络口碑行为的主要动机，包括社会利益、经济刺激、对其他消费者的关心以及积极的情绪暴露（positive emotional exposure）或是自我提升（self-enhancement）。卡玛什和格里菲斯（Khammash and Griffiths，2011）的实证研究发现了消费者在线阅读动机与行为构念之间的相互作用，并阐述了消费者购买决策与沟通行为之间的作用机制。罗（Luo，2009）分析了企业证券价格，研究发现，负面口碑对资金流、股票价格等企业财务绩效带来了显著的直接影响，而且这一影响在短期和长期中都能体现。张和李（Cheung and Lee，2012）研究了评论网站上正向口碑传播的诱因，发现评论者感知个人声誉提升的可能性与口碑传播意图之间的正向影响关系。在口碑信息集中的社交平台上，正向口碑信息是客户满意的重要表现与结果。郑和姜（Jeong and Jang，2011）指出，餐厅消费者在体验了优良的食物、服务以及餐厅氛围后更加倾向于表达正向的网络口碑。克雷格等（Craig et al.，2015）研究了电影评论与票房收入之间的关系后发现，电影发行之前的网络口碑对于其后的票房收入有着重要的影响。

其次，从企业层面来看，网络口碑对于消费者网络购买决策的重要影响促使厂商必须要调整与之适应的营销策略。陈等（Chen et al.，2002）最早关注到网络口碑对于厂商决策的影响，研究了零售商通过信息中介的需求推荐进行在线产品销售情形下的服务契约设计问题。在此基础上，陈和谢（Chen and Xie，2005）考虑了两个竞争性零售商的网络销售受到第三方消费者评论影响的情形，通过基础模型的构建研究了零售商的定价与广告投放策略。严和刘（Yan and Liu，2009）以及普克等（Phuc et al.，2013）考虑了消费者网络口碑对于需求的影响，研究这一情形下厂商的最优生产与销售策略。刘等（Liu et al.，2011）聚焦于软件产品，同时考虑了部分消费者收到口碑信息影响从而进行软件购买以及部分消费者仅仅使用盗版软件的情形，研究了软件发行商的最优定价并提出了一种撇脂定价策略（market skimming pricing strategy）。

9.2.2 信息中介

作为网络口碑信息的重要载体，信息中介近年来得到了研究者的较多关注。信息中介的早前研究集中在其经济作用方面，如萨卡等（Sarkar et al.，1995）以及李和克拉克（Lee and Clark，1996）的研究。后续研究主要探讨信息中介模式下的营销决策问题。孙等（Son et al.，2006）从消费者行为角度分析了网络用户使用信息中介的原因，认为消费者对于电子商务环境下信息中介有效性和效率的评价决定了他们在网络购物中是否使用信息中介。艾耶和帕兹加尔（Iyer and Pazgal，2003）分析了网络零售商加入比较购物网站后带来的价格竞争问题。维斯瓦纳坦等（Viswanathan et al.，2007）通过网络汽车中介的消费者数据分析了信息中介所导致的价格歧视现象，消费者收集的口碑信息越充分，他们最终获得的汽车零售价格越便宜。在社会商务模式下，第三方信息中介的顾客口碑评论信息对于潜在顾客的需求引导作用愈加明显（Bao and Chang，2014；Ziegele and Weber，2015）。

在信息中介对于网络零售供应链中厂商决策的影响方面，高斯等（Ghose et al.，2007）研究了制造商通过第三方信息中介或制造商推荐服务将顾客需求引导到下游两家竞争性零售商所带来的供应链决策与协调问题。陈和姚（Chen and Yao，2012）关注于网络零售供应链中的信息中介与零售商之间的需求推荐合作，提出了一个基于营销努力成本共担的横向合作契约形式。此后，陈等（Chen et al.，2014）考虑了信息中介对于顾客采取的激励策略，通过建立双渠道需求模型研究了信息中介和零售商之间的服务合作策略。

9.2.3 研究总结

可以发现，在已有研究中，既考虑信息中介的需求推荐作用，又兼顾到网络口碑影响机制的还很少。本章区别于已有研究，主要分析了信息中介服务努力程度和网络口碑对于市场需求的双重影响。类似于 Bass 模型的市场需求动态模型刻画了产品定价作为单一决策变量时影响作用，但是胡等（Hu et al.，2011）的研究证明了在线评论网站的信息质量与服务水平对于消费者需求的显著影响。因此，本章构建了动态模型来分析信息中介服务努力对于推荐需求的影响以及口碑传播对于潜在需求的影响。此外，通过 Stackelberg 博弈构建了零售商与信息中介的服务合作模型，零售商根据推荐需求进行最优产品定价和服务费用的决策，信息中介选择面向顾客的最优推荐服务水平。通过引入这一新的供应链，本章研究内容丰富了营销与信息系统相关研究，并同时考虑了网络口碑与需求推荐努力的影响，分析了供应链横向合作中的口碑效应、定价策略、服务敏感以及广告影响等。

9.3 研究模型

考虑在线需求推荐供应链，零售商通过信息中介和自有渠道进行产品销售，信息中介通过产品信息和用户评论的展示来向潜在消费者进行产品推荐。零售商与信息中介协商按照价格 s 来支付推荐服务的单位费用。然后，零售商根据所获得的订单直接把产品销售给消费者并获得所有的销售收入。部分消费者会在购买使用产品后回到信息中介网站上进行产品评论，这些评论信息将成为零售商该产品的网络口碑记录。基于需求推荐与口碑影响的供应链模型如图 9－1 所示。

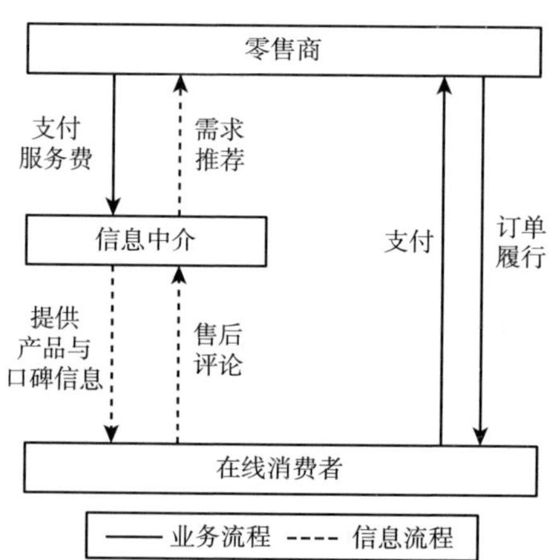

图 9－1　基于需求推荐与口碑影响的供应链模型

经典 Bass 模型刻画了新产品扩散过程以及在传统营销条件下的消费者购买可能性（Bass，1969、2004）。目前，Bass 模型主要用于供应链管理中的市场需求预测、库存控制、广告优化以及其他的运营管理研究。在互联网商业领域，网络口碑信息已经被证明是影响潜在消费者购买决策和在线销售的重要因素（Lee et al. , 2013）。马丁和卢埃克（Martin and Lueg，2013）的实证研究发现，网络口碑信息的传播有利于产品扩散过程，而且网络口碑在新产品扩散中成为消费者采纳的重要驱动因素。此外，产品创新特征也受到注入大众广告、促销等外部因素的影响；另外，消费者评论与评分等网络口碑信息也会产生所谓的模仿效应（imitation effect）。严和刘（Yan and Liu，2009）、刘等（Liu et al. , 2011）以及穆旦比和舒夫（Mudambi and Schuff，2010）都应用了 Bass 模型来刻画网络口碑对市场需求的影响作用。基于以往研究，本章通过基础模型的拓展来研究网络口碑对于市场的影响效应。因此，在 t 时刻的在线销售率 $X(t)$ 可定义为：

$$\begin{cases} X(t) = \exp^{-\alpha p(t) + \delta e(t)}[kX(t) + \beta][1 - X(t)] \\ X(0) = 0 \end{cases} \tag{9-1}$$

假设信息中介的营销努力和网络口碑对 $X(t)$ 有直接影响。参数 α、δ、β 和 k 分别表示产品价格敏感系数、推荐服务敏感系数、广告影响系数以及网络口碑影响系数。批发价格 w 为外生变量，由制造商在销售周期开始前确定，产品在 t 时刻的零售价格为 $p(t)$。$e(t)$ 表示信息中介在 t 时刻的推荐服务水平，零售商将按照单位价格 s 支付相应的服务费用。参考已有文献，设定推荐服务单位成本为 c_i（Krishnan et al. , 2004；Tsay and Agrawal，2004）。此外，设定零售商的销售成本与物流成本等在模型中不予考虑，同时假设未满足的需求将丢失。当服务价格为 s 时，在销售周期［0，T］中，零售商与信息中介商的利润函数分别为：

$$\prod_r = \int_0^T [p(t) - w - se(t)] X(t) \mathrm{d}t \tag{9-2}$$

$$\prod_i = \int_0^T [se(t) - c_i] X(t) \mathrm{d}t \tag{9-3}$$

此时，供应链系统的利润函数为：

$$\prod_s = \int_0^T [p(t) - w - c_i] X(t) \mathrm{d}t \tag{9-4}$$

9.4 供应链合作均衡与最优策略

假设在线零售供应链为分散决策系统。零售商拥有物理性设施以及实际服务员工，在供应链中比信息中介商具有更强的谈判能力。假设零售商为 Stackelberg 博弈的领导者，零售商与信息中介商的合作按照以下顺序进行：(1) 零售商为了最大化利润 $\prod_r$ 首先宣布愿意支付的推荐服务价格 s；(2) 信息中介作为跟随者，在给定的服务价格条件下，为了最大化利润 $\prod_i$ 会选择服务水平 $e(t)$；(3) 根据双方给定的零售价格 $p(t)$ 和服务水平 $e(t)$，需求得以确认。这里首先分析零售商的最优策略，其次再分析信息中介的服务反应水平。

根据公式 (9-2)，求解以下问题：

$$\max\prod_r = \max_{p(t)}\int_0^T[p(t) - w - se(t)]X(t)\mathrm{d}t$$

$$\text{s.t.}\begin{cases}\dot{X}(t) = \exp^{-\alpha p(t)+\delta e(t)}[kX(t)+\beta][1-X(t)] \\ X(0) = 0 \\ X(T) \text{ is free}\end{cases} \tag{9-5}$$

根据公式 (9-5)，$X(T)$ 为销售周期 T 结束后的累计量，引入 Hamiltonian 方程 H 如下所示：

$$H=[p(t)-w-se(t)+\lambda(t)]\exp^{-\alpha p(t)+\delta e(t)}[kX(t)+\beta][1-X(t)] \tag{9-6}$$

然后，对其求偏导为：

$$\frac{\partial H}{\partial p(t)}=[1-\alpha p(t)+\alpha w+\alpha se(t)-\alpha\lambda(t)]\exp^{-\alpha p(t)+\delta e(t)}[kX(t)+\beta][1-X(t)] \tag{9-7}$$

因 $\frac{\partial H}{\partial p(t)}=0$，求解公式 (9-7) 可以得到：

$$p(t)=\frac{1}{\alpha}+w+se(t)-\lambda(t) \tag{9-8}$$

然后，可以得到其伴随微分方程（adjoint differential equation）：

$$\frac{\mathrm{d}\lambda}{\mathrm{d}t}=-\frac{\partial H}{\partial X(t)}=-[p(t)-w-se(t)+\lambda(t)]\exp^{-\alpha p(t)+\delta e(t)}[-2kX(t)+k-\beta] \tag{9-9}$$

其横截性条件（transversality condition）为：

$$\lambda(T)=0 \tag{9-10}$$

将公式（9-8）代入公式（9-9）和公式（9-10）中，可以获得：

$$\begin{aligned}\int_t^T\lambda\mathrm{d}\tau&=\int_t^T-\frac{1}{\alpha}[-2kX(\tau)+k-\beta]\mathrm{d}\tau\\&=\int_{X(t)}^{X(T)}-\frac{1}{\alpha}\frac{[-2kX(\tau)+k-\beta]}{[kX(\tau)+\beta][1-X(\tau)]}\mathrm{d}X(t)\\&=\int_{X(t)}^{X(T)}-\left\{\frac{1}{\alpha[kX(\tau)+\beta]}-\frac{1}{\alpha[1-X(\tau)]}\right\}\mathrm{d}X(t)\end{aligned} \tag{9-11}$$

于是，我们可以得到以下公式：

$$\lambda(T)-\lambda(t)=-\frac{1}{\alpha}\ln\frac{[kX(T)+\beta][1-X(T)]}{[kX(t)+\beta][1-X(t)]} \tag{9-12}$$

将公式（9-10）代入公式（9-12），可以得到：

$$\lambda(t)=\frac{1}{\alpha}\ln\frac{[kX(T)+\beta][1-X(T)]}{[kX(t)+\beta][1-X(t)]} \tag{9-13}$$

然后，根据公式（9-8）和公式（9-13），可以获得零售商的最优定价方程 $p(t)$ 如下：

$$p(t)=\frac{1}{\alpha}+w+se(t)-\frac{1}{\alpha}\ln\frac{[kX(T)+\beta][1-X(T)]}{[kX(t)+\beta][1-X(t)]} \tag{9-14}$$

另外，将公式（9-14）代入公式（9-3）中，信息中介商的最优策略应满足以下方程：

$$\max \prod_i = \max_{e(t)} \int_0^T [se(t) - c_i] X(t) \mathrm{d}t$$

$$s.t.\begin{cases} X(t) = \exp^{-[1+\alpha w+\alpha e(t)-\delta e(t)]}[kX(T)+\beta][1-X(T)] \\ X(0) = 0 \\ X(T) \text{ is free} \end{cases} \qquad (9-15)$$

其 Hamiltonian 方程 H 为：

$$H = [se(t) - c_i + \lambda(t)]\exp^{-[1+\alpha w+\alpha e(t)-\delta e(t)]}[kX(T)+\beta][1-X(T)] \qquad (9-16)$$

该函数的伴随微分方程为：

$$\begin{aligned}\frac{\mathrm{d}\lambda}{\mathrm{d}t} &= -\frac{\partial H}{\partial X(t)} \\ &= [se(t) - c_i + \lambda(t)]\exp^{-[1+\alpha w+\alpha e(t)-\delta e(t)]}[2kX(T) - k + \beta] \\ &= 0\end{aligned} \qquad (9-17)$$

对 $e(t)$ 而言，此时存在：

$$\frac{\partial H}{\partial e(t)} = [s - s(\alpha-\delta)e(t) - (\alpha-\delta)(\lambda(t) - c_i)] \exp^{-[1+\alpha w+\alpha e(t)-\delta e(t)]}[kX(T)+\beta][1-X(T)] \qquad (9-18)$$

其中，$\lambda(T)=0$ 且 $\lambda(t)\equiv 0$，可以获得信息中介商的最优服务水平 $e^*(t)$ 为：

$$e^*(t) = \frac{s+(\alpha-\delta)c_i}{s(\alpha-\delta)} \qquad (9-19)$$

将公式（9－19）代入公式（9－14），可以得到零售商的最优定价 $p^*(t)$ 为：

$$p^*(t) = \frac{1}{\alpha} - \frac{1}{\alpha}\ln\frac{[kX(T)+\beta][1-X(T)]}{[kX(t)+\beta][1-X(t)]} + w + \frac{s+(\alpha-\delta)c_i}{(\alpha-\delta)} \qquad (9-20)$$

显然，最优服务水平为一个常数。对于给定的服务价格 s，信息中介的最优推荐服务水平将随着 α 递减、随着 δ 递增，但跟时间 t 无关。对于信息中介而言，理性的选择应该是根据更高的服务推荐效率和更高的推荐服务敏感度来提升其服务水平。

零售商在［0，T］的时间内销售率为一个线性函数，如公式（9－21）所示：

$$X(t)=\frac{X(T)}{T} \tag{9-21}$$

令 $\mu=\beta-k+\frac{1}{T\exp^{-1-\alpha w+(\delta-\alpha s)\left(\frac{1}{\alpha-\delta}+\frac{c_i}{s}\right)}}$，容易证明 $\mu^2+4k\beta>0$。

将公式（9－21）代入公式（9－1）中，可以得到：

$$kX^2(T)+\mu X(T)-\beta=0 \tag{9-22}$$

求解上式，可得结果如下：

$$X(T)=\frac{-\mu+\sqrt{\mu^2+4k\beta}}{2k} \tag{9-23}$$

$$\lim_{T\to\infty}X(T)=\lim_{T\to\infty}\frac{-\mu+\sqrt{\mu^2+4k\beta}}{2k}=1 \tag{9-24}$$

令 $\prod_r^*$ 和 $\prod_i^*$ 分别为零售商和信息中介的最优利润水平。将公式（9－19）、公式（9－20）分别代入公式（9－2）和公式（9－3），容易获得：

$$\prod\nolimits_i^*=\frac{s}{\alpha-\delta}X(T) \tag{9-25}$$

以及

$$\prod\nolimits_r^*=\int_0^T\left[\frac{1}{\alpha}-\frac{1}{\alpha}\ln\frac{[kX(T)+\beta][1-X(T)]}{[kX(t)+\beta][1-X(t)]}\right]X(t)\mathrm{d}t \tag{9-26}$$

将公式（9－26）展开后可以得到：

$$\prod\nolimits_r^*=\frac{X(T)}{\alpha}-\frac{[kX(T)+\beta]\ln\left[\frac{kX(T)}{\beta}+1\right]}{\alpha k}+\frac{[kX(T)+T\beta]\ln\left[\frac{kX(T)}{T\beta}+1\right]}{\alpha k}$$
$$-\frac{[T-X(T)]}{\alpha}\ln\frac{[T-X(T)]}{T}+\frac{[1-X(T)]\ln[1-X(T)]}{\alpha} \tag{9-27}$$

根据公式（9-23），可以得到以下特征：

（1）因存在$\frac{\partial X(T)}{\partial T}=\frac{(\sqrt{\mu^2+2k\beta}-\mu)(\mu-\beta+k)}{2kT\sqrt{\mu^2+2k\beta}}>0$，零售累计销售和信息中介利润随着销售周期 T 递增；

（2）因存在$\frac{\partial X(T)}{\partial \beta}=\frac{(\mu+k)-\sqrt{\mu^2+2k\beta}}{2k\sqrt{\mu^2+2k\beta}}$，而且$\frac{\partial X(T)}{\partial k}=\frac{(\mu+k)\sqrt{\mu^2+4k\beta}+(\mu+k)(\mu+2k-2\beta)-2k\beta}{2k^2\sqrt{\mu^2+4k\beta}}$，零售商累计销售与信息中介商利润二者随参数 β 和 k 的取值而变化；

（3）因$\frac{\mathrm{d}p(t)}{\partial \alpha}=\frac{-1}{\alpha^2}<0$，消费者对产品的价格敏感越高，将会使零售商选择更低的最优定价水平，导致零售商获得更少利润。

9.5 算例分析

本节通过数值算例实验来验证模型，并进行相关参数的敏感性分析。首先，考虑参数 α、δ 以及 k 对销售率和供应链利润的影响；其次，分析销售周期与零售商和信息中介商决策之间的对应关系。根据刘等（Liu et al.，2011）研究中的数值参数，设定不同的消费者价格敏感系数、服务敏感系数以及网络口碑影响效应等参数的大小，具体见表 9-1。假设信息中介商的单位服务价格与推荐成本分别为 $s=0.1$ 以及 $c_i=2$。期初销量为 0，销售周期为 [10，60]。为不失一般性，忽略批发价格的固定效应并假设批发价格为 0。

表 9-1　参数设定

系　数	说　明	取　值
α	产品价格敏感程度	$\alpha_1=0.01$
		$\alpha_2=0.1$
δ	推荐服务敏感程度 $\delta<\alpha$	$\delta_1=0.005$
		$\delta_2=0.04$

续表

系　数	说　明	取　值
β	广告效应系数	$\beta_1=0.05$
		$\beta_2=0.15$
k	网络口碑效应系数	$k_1=0.1$
		$k_2=1$
T	产品销售周期	$T_1=10$
		$T_2=60$

（1）令$\delta=0.005$，$\beta=0.05$，$k=0.2$以及$T=30$。如图9-2所示，如果消费者对于产品价格敏感性递增，在销售周期$X(T)$结束时，累计销售量将从0.732688（$\alpha=0.01$）递减至0.481729（$\alpha=0.1$）。此外，令$\alpha=0.05$，$\beta=0.05$以及$k=0.2$，如图9-3所示，如果潜在消费者对于用户发表的网络口碑信息更感兴趣，则信息中介商提供的高质量推荐服务将比低廉的产品价格更具有吸引力。可以发现，在产品竞争中，争论的焦点不在于产品如何运作，而在于顾客的印象和体验。这一研究结果为零售商和信息中介商提供在线推荐服务价值的直接证据。

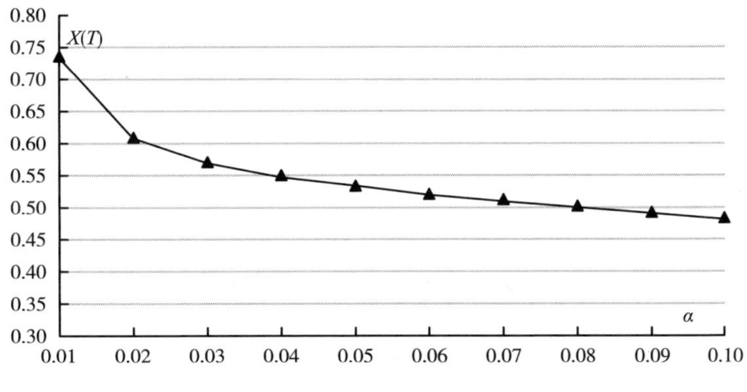

图9-2　累计销量随价格敏感性变化曲线（$\delta=0.005$）

（2）网络口碑对累计销售存在直接性影响作用。如图9-4所示，如果在线消费者决策过程中网络口碑的影响作用增加，累计销售将以持续递减的增长率增加。这一结论揭示了一个非常有趣的现象，即网络口碑影响作用一样的情况下，越强烈的广告传播效应反而导致了更低的产品销售。产生这一

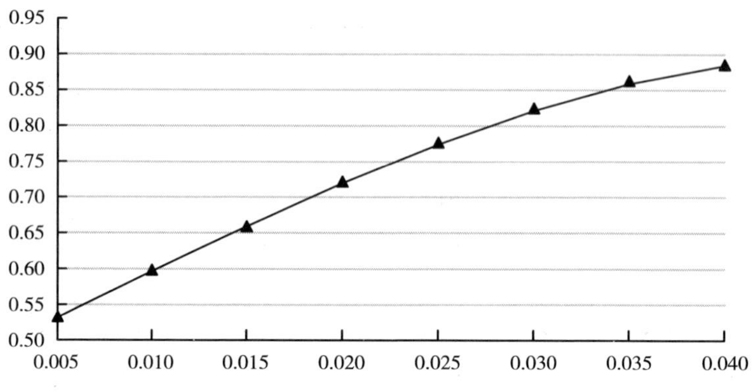

图 9－3　累计销量随推荐服务敏感性变化曲线（$\alpha=0.05$）

结果的原因可能在于，当消费者偏好和营销成本符合特定参数条件时，需求推荐模式中网络口碑战略比大众广告更为重要。就当前零售业而言，按个人偏好定制的社交营销，可能成为比大众媒体广告更符合消费者需求的营销主导战略。

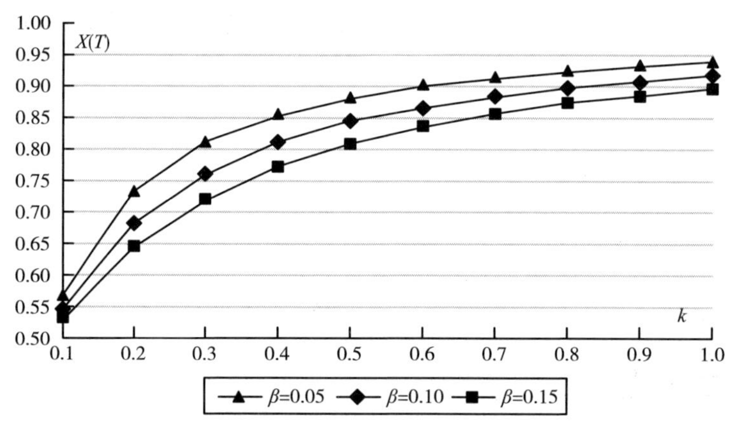

图 9－4　网络口碑与广告效应影响下的累计销售变化（$\alpha=0.01$，$\delta=0.005$）

（3）图 9－5 展示了随着销售周期变化的累计销量曲线。随着销售周期与网络口碑参数的递增，累计销售随之增长但增长率逐渐减缓。显然，随着消费者评论数量的增加，对于在线零售商而言，信息过载成为消费者购买决策时面临的严重问题，同时消费者会更为关注评论的质量而非评论的数量（Yang and Chung，2004）。因此，零售商与信息中介商应该在产品销售前期充分利用网络口碑的数量优势，而在以后的产品持续销售周期中更加关注对于网络口碑质量的提升。

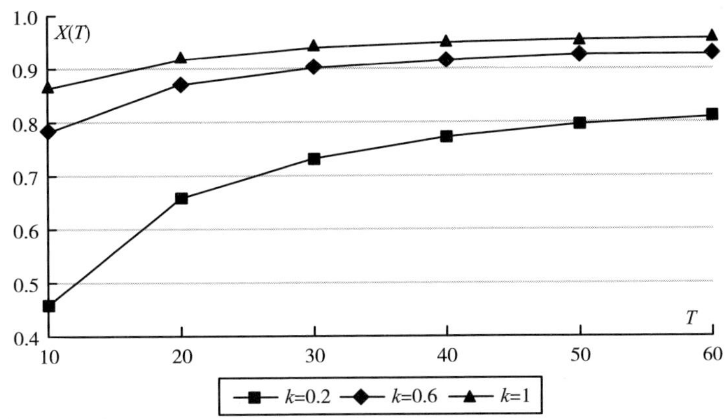

图9－5 随销售周期变化的累计销售曲线（$\alpha=0.01$，$\delta=0.005$）

（4）令 $\delta=0.005$，$\beta=0.05$，$k=0.2$ 以及 $T=30$。最优零售价格与最优推荐服务水平如图9－6所示，双方的利润曲线如图9－7所示。此外，令 $\alpha=0.05$，$\beta=0.05$，$k=0.2$ 以及 $T=30$，可以得到零售商与信息中介商的最优决策变量以及利润曲线，如图9－8和图9－9所示。如果在线消费者对于信息推荐服务有更低的敏感性，而更为关注产品价格，则他们很难发现信息中介在网络零售服务中的效果与效率（Son et al.，2006）。此时，对于信息中介所提供的服务要求更为简单，他们只需要提供产品价格的比较信息从而帮助消费者做出购买决策。但是，如果消费者对于推荐服务有更高的敏感性，将会促使信息中介提供更好的推荐服务以此提升消费者感知的效果与效率，信息中介商可能会提供更多的增值服务比如增加产品评论信息的吸引力。维斯瓦纳坦等（Viswanathan et al.，2007）认为，与那些关注产品相关信息（product-related information）的消费者相比，仅仅关注信息中介提供的价格相关信息（price-related information）的消费者，更倾向于支付更低的价格。对于这些价格高度敏感的消费者，理性的零售商不得不采取价格折扣策略去吸引顾客，同时信息中介商也会减少在推荐服务上的努力程度并取消增值服务。如图9－7所示，二者的利润都将随着消费者价格敏感程度的增加而降低。与之相反的是，消费者对于推荐服务的高敏感性，会促使信息中介投入更多精力提供更高质量的产品相关信息。这样消费者通过信息中介服务体验到更多的实用性价值，从而也愿意支付更高的零售价格，如图9－8所示。同时，高服务敏感性也会提升零售商与信息中介商的利润状况，如图9－9所示。

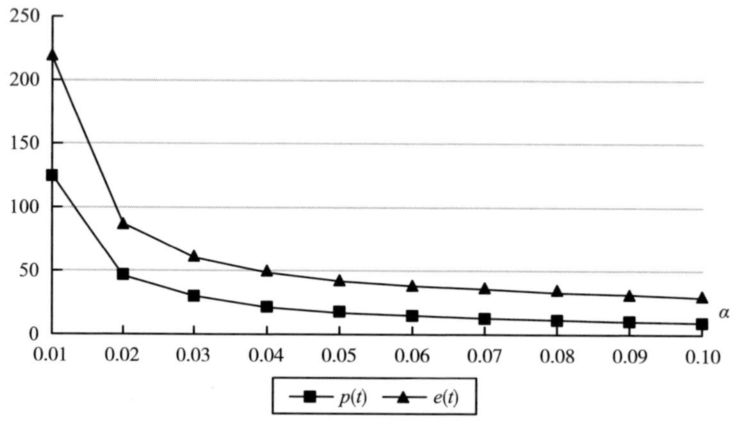

图9－6　随价格敏感变化的最优零售价格与推荐服务水平曲线（$\delta=0.005$）

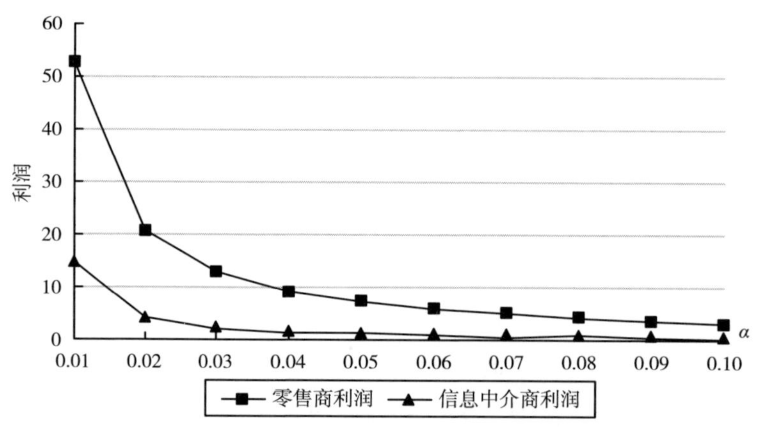

图9－7　随价格敏感变化的零售商和信息中介商利润曲线（$\delta=0.005$）

（5）令 $\alpha=0.01$，$\delta=0.005$，$\beta=0.05$，$k=0.2$ 以及 $T=30$。图9－10显示了不同网络口碑影响效应条件下零售商与信息中介商利润变化情况。可以发现，随着网络口碑影响作用的增加，零售商利润随之递减而信息中介商利润随之递增，这也说明越来越多的消费者认识到信息中介的作用并

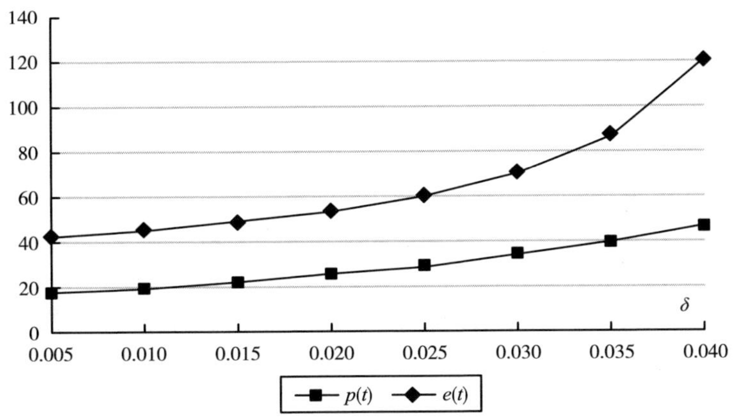

图 9－8　随服务敏感变化的零售价格和推荐服务水平曲线（$\alpha=0.05$）

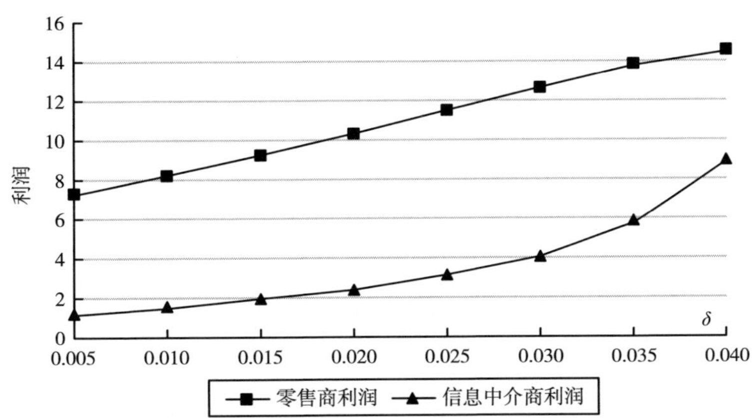

图 9－9　随服务敏感变化的零售商和信息中介商利润曲线（$\alpha=0.05$）

愿意在网络购物中使用这一信息服务。此外，在线信息交流也促进了网络零售价格的透明化。针对同样的产品，零售商只能接受更低的零售价格和更少的利润份额。因此，从供应链视角来看，网络零售商将会更加依赖于信息中介提供的专业服务，而信息中介商将会在供应链中扮演更重要的角色。相反的是，零售商的优势与地位将会越弱，他们不得不参与这一合作并接受这一新的情况。

（6）令 $\alpha=0.01$，$\delta=0.005$ 以及 $\beta=0.05$。如图 9－11 所示，随着销售时间增加，零售商与信息中介商的利润也在增加。但是，当网络口碑影响效

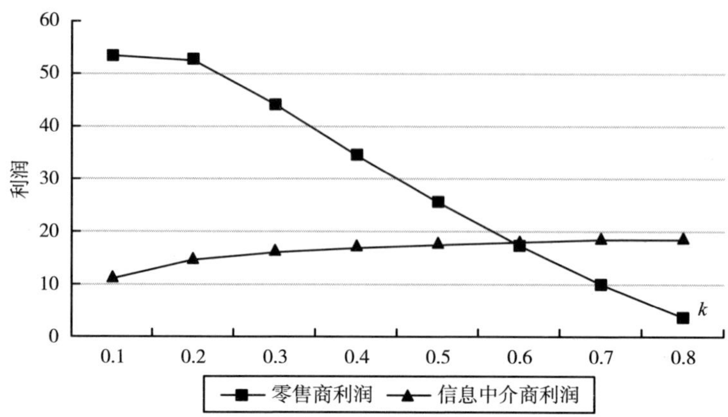

图 9-10 随网络口碑影响效应变化的零售商与信息中介商利润曲线 ($\alpha=0.01$，$\delta=0.005$)

应系数从 $k=0.2$ 增长到 $k=0.6$ 时，信息中介商的利润持续增长而零售商利润呈现下降，二者之间的利润差逐渐缩小，直至信息中介商所获利润超过零售商利润，如图 9-12 所示。可以发现，随着在线零售中网络口碑的作用越来越重要，网络外部性的影响越来越显著，这有助于信息中介通过更广泛的用户数据资源，应用网络口碑来吸引潜在消费者，并不断提升网站的用户黏性（Ghose et al.，2007）。此外，随着信息中介商在博弈中不断壮大，在与零售商的合作谈判中将获得更有利的优势。

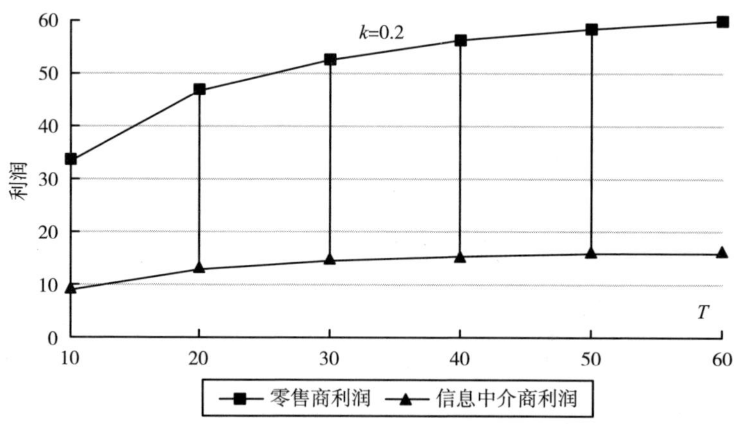

图 9-11 随销售时间变化的零售商与信息中介商利润曲线（$k=0.2$）

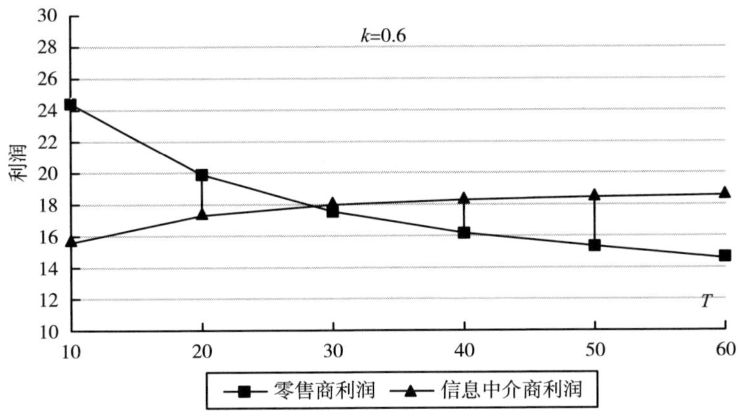

图9-12 随销售时间变化的零售商与信息中介商利润曲线（$k=0.6$）

9.6 本章小结

本章研究聚焦于在线零售供应链中的网络口碑影响效应以及信息中介商与零售商的服务合作决策。与那些关注供应链中零售商与制造商的定价与生产决策的研究不同的是，本章研究基于Bass新产品扩散模型，拓展出包括一个零售商和一个信息中介商的两阶段供应链市场需求模型。通过构建供应链服务合作模型，本章研究了零售商的最优定价策略、信息中介商的服务策略以及供应链销量与利润变化情况。数值实验的结果揭示了价格敏感性、服务敏感性、广告效应、网络口碑效应以及销售周期等参数变化对于供应链系统的影响。线上与线下不同渠道间的服务合作为消费者提供了附加价值，也为零售商拓展了市场空间。本章的研究结论对于网络零售供应链的营销战略规划具有较好的实践指导价值。

随着电子商务的蓬勃发展，网络口碑对于消费者购买决策以及厂商营销策略都具有举足轻重的影响。网络信息的过载会带来消费者在购买决策与商品选择中的困惑与无助，而信息中介恰好能够帮助消费者进行产品的比较，从而定位到偏好的目标产品。因此，信息中介商应该充分利用网络口碑效应，进一步提升其特有的信息价值。

在以后的研究中，可以进一步考虑信息中介对竞争性零售商提供的差异化产品采取不同的推荐服务。在本章研究中，我们假设供应链系统中产品是无差异的，而且信息中介商面向所有产品提供同质化的推荐服务。如果产品类型和服务水平拓展为多样化，零售商将调整其营销策略。此外，我们假设信息中介商在 Stackelberg 博弈中是零售商决策的跟随者，但如果在网络零售中信息中介商变得越来越占据主导地位，以至于成为博弈的领导者，新的博弈中各方的最优决策会随之变化。另外，可能的研究方向还包括信息中介推荐服务能力的约束以及推荐质量的影响机制，这些新的因素的增加会对供应链成员的最优策略带来重要影响。

参考文献

[1] 蔡春花，刘伟，江积海．商业模式场景化对价值创造的影响——天虹股份2007－2018年数字化转型纵向案例研究［J］．南开管理评论，2020，23（3）：98－108.

[2] 陈悦，陈超美，刘则渊，胡志刚，王贤文．Citespace知识图谱的方法论功能［J］．科学学研究，2015，33（2）：242－253.

[3] 狄蓉，曹静，赵袁军．“新零售”时代零售企业商业模式创新［J］．企业经济，2020，（4）：37－45.

[4] 杜睿云，蒋侃．新零售：内涵、发展动因与关键问题［J］．价格理论与实践，2017，（2）：139－141.

[5] 韩彩珍，王宝义．“新零售”的研究现状及趋势［J］．中国流通经济，2018，32（12）：20－30.

[6] 焦志伦，刘秉镰．品类差异下的消费者购物价值与零售业转型升级路径——兼议“新零售”的实践形式［J］．商业经济与管理，2019（7）：5－17.

[7] 李飞．全渠道零售的含义、成因及对策——再论迎接中国多渠道零售革命风暴［J］．北京工商大学学报：社会科学版，2013，28（2）：1－11.

[8] 李杰，陈超美．Citespace：科技文本挖掘及可视化［M］．北京：首都经济贸易大学出版社，2016.

[9] 鲁平俊，唐小飞．深入理解营销渠道研究的过去和未来［J］．科研管理，2015，36（1）：159－166.

[10] 苗蕊，徐健．评分不一致性对在线评论有用性的影响——归因理论的视角［J］．中国管理科学，2018，26（5）：178－186.

[11] 穆杰．消费创造导向下实体零售供给侧改革路径——基于逆向营销的新零售模式构建［J］．商业经济研究，2020（9）：5－9.

[12] 秦海菲，杜军平．酒店在线评论数据的特征挖掘［J］．智能系统学报，2018，13（6）：146－154.

[13] 施晟，卫龙宝，伍骏骞．“农超对接”进程中农产品供应链的合作绩效与剩余分配——基于“农户＋合作社＋超市”模式的分析［J］．中国农村观察，2012（4）：14－28，92－93.

[14] 宋晓兵，丛竹，董大海．网络口碑对消费者产品态度的影响机理研究［J］．管理学报，2011，8（4）：559－566.

[15] 孙国强，李腾．数字经济背景下企业网络数字化转型路径研究［J］．科学学与科学技术管理，2021，42（1）：128－145.

[16] 唐小飞，钟帅，郑杰．补救时机和人格特质对补救绩效影响研究［J］．管理世界，2011（4）：178－179.

[17] 汪旭晖．农村消费品流通渠道对农民福利的影响——基于消费品市场购买便利性与安全性视角的分析［J］．农业经济问题，2010，31（11）：85－90，112.

[18] 王宝义，邱兆林．新零售迭代创新的理论分析与原型观照［J］．当代经济管理，2020，42：1－10.

[19] 王智生，李慧颖，孙锐．在线评论有用性投票的影响因素研究——基于商品类型的调节作用［J］．管理评论，2016，28（7）：143－153.

[20] 吴瑶，肖静华，谢康，廖雪华．从价值提供到价值共创的营销转型——企业与消费者协同演化视角的双案例研究［J］．管理世界，2017（4）：138－157.

[21] 谢康，吴瑶，肖静华．生产方式数字化转型与适应性创新——数字经济的创新逻辑（五）［J］．北京交通大学学报（社会科学版），2021，20（1）：1－10.

[22] 闫星宇．“新零售”的逻辑蕴涵及发展趋势［J］．社会科学战线，2018（7）：257－261.

[23] 杨海龙，唐小飞，刘伯强．服务补救时机选择的研究述评［J］．

管理世界，2013（4）：184－185.

［24］杨铭，祁巍，闫相斌，李一军．在线商品评论的效用分析研究［J］．管理科学学报，2012，15（5）：65－75.

［25］张敏，张哲．网络环境下口碑对消费者冲动性购买的影响［J］．软科学，2015，29（10）：110－114.

［26］张艳辉，李宗伟，赵诣成．基于淘宝网评论数据的信息质量对在线评论有用性的影响［J］．管理学报，2017，14（1）：77－85.

［27］赵树梅，徐晓红．"新零售"的含义、模式及发展路径［J］．中国流通经济，2017，31（5）：12－20.

［28］周雨薇，吕巍．人工智能重塑零售行业的底层逻辑：综述及展望［J］．系统管理学报，2021，30（1）：180－190.

［29］Agnihotri，A.，Bhattacharya，S. Online Review Helpfulness：Role of Qualitative Factors［J］．Psychology & Marketing，2016，33（11）：1006－1017.

［30］Ailawadi，K. L.，Farris，P. W. Managing Multi-and Omni-Channel Distribution：Metrics and Research Directions［J］．Journal of Retailing，2017，93（1）：120－135.

［31］Ailawadi，K. L.，Neslin，S. A.，Luan，Y. J.，Taylor，G. A. Does Retailer Csr Enhance Behavioral Loyalty? A Case for Benefit Segmentation［J］．International Journal of Research in Marketing，2014，31（2）：156－167.

［32］Al-Gahtani，S. S. Modeling the Electronic Transactions Acceptance Using an Extended Technology Acceptance Model［J］．Applied Computing and Informatics，2011，9（1）：47－77.

［33］Alba，J.，Lynch，J.，Weitz，B.，Janiszewski，C.，Lutz，R.，Sawyer，A.，Wood，S. Interactive Home Shopping：Consumer，Retailer，and Manufacturer Incentives to Participate in Electronic Marketplaces［J］．Journal of Marketing，1997，61（3）：38－53.

［34］Aldás-Manzano，J.，Lassala-Navarré，C.，Ruiz-Mafé，C.，Sanz-Blas，S. The Role of Consumer Innovativeness and Perceived Risk in Online Banking Usage［J］．International Journal of Bank Marketing，2009，27（1）：53－75.

[35] Anakwe, U. P., Greenhaus, J. H. Effective Socialization of Employees: Socialization Content Perspective [J]. Journal of Managerial Issues, 1999, 11 (3): 315-329.

[36] Anand, P., Sternthal, B. Ease of Message Processing as a Moderator of Repetition Effects in Advertising [J]. Journal of Marketing Research, 1990, 27 (3): 345-353.

[37] Andrews, L., Bianchi, C. Consumer Internet Purchasing Behavior in Chile [J]. Journal of Business Research, 2013, 66 (10): 1791-1799.

[38] Aslanzadeh, M., Keating, B. W., Verma, R. Inter-Channel Effects in Multichannel Travel Services: Moderating Role of Social Presence and Need for Human Interaction [J]. Cornell Hospitality Quarterly, 2014, 55 (3): 265-276.

[39] Avery, J., Steenburgh, T. J., Deighton, J., Caravella, M. Adding Bricks to Clicks: Predicting the Patterns of Cross-Channel Elasticities over Time [J]. Journal of Marketing, 2012, 76 (3): 96-111.

[40] Badrinarayanan, V., Becerra, E. P., Kim, C.-H., Madhavaram, S. Transference and Congruence Effects on Purchase Intentions in Online Stores of Multi-Channel Retailers: Initial Evidence from the Us and South Korea [J]. Journal of the Academy of Marketing Science, 2012, 40 (4): 539-557.

[41] Baek, H., Ahn, J., Choi, Y. Helpfulness of Online Consumer Reviews: Readers' Objectives and Review Cues [J]. International Journal of Electronic Commerce, 2012, 17 (2): 99-126.

[42] Bahtar, A. Z., Muda, M. The Impact of User-Generated Content (Ugc) on Product Reviews Towards Online Purchasing—a Conceptual Framework [J]. Procedia Economics and Finance, 2016, 37: 337-342.

[43] Bai, T., Zhao, W. X., He, Y., Nie, J., Wen, J. Characterizing and Predicting Early Reviewers for Effective Product Marketing on E-Commerce Websites [J]. IEEE Transactions on Knowledge and Data Engineering, 2018, 30 (12): 2271-2284.

[44] Bao, T., Chang, T. L. S. Finding Disseminators via Electronic Word

of Mouth Message for Effective Marketing Communications [J]. Decision Support Systems, 2014, 67 (11): 21 -29.

[45] Barnett White, T. Consumer Trust and Advice Acceptance: The Moderating Roles of Benevolence, Expertise, and Negative Emotions [J]. Journal of Consumer Psychology, 2005, 15 (2): 141 -148.

[46] Bass, F. M. A New Product Growth for Model Consumer Durables [J]. Management Science, 1969, 15 (5): 215 -227.

[47] Bass, F. M. Comments on "a New Product Growth for Model Consumer Durables": The Bass Model [J]. Management Science, 2004, 50 (12): 1833 - 1840.

[48] Beck, N., Rygl, D. Categorization of Multiple Channel Retailing in Multi-, Cross-, and Omni-Channel Retailing for Retailers and Retailing [J]. Journal of Retailing and Consumer Services, 2015, 27: 170 -178.

[49] Belanche, D., Casalo, L. V., Flavian, C., Schepers, J. Robots or Frontline Employees? Exploring Customers' Attributions of Responsibility and Stability after Service Failure or Success [J]. Journal of Service Management, 2020, 31 (2): 267 -289.

[50] Belk, R. W. Situational Variables and Consumer Behavior [J]. Journal of Consumer Research, 1975, 2 (3): 157 -164.

[51] Bell, D. R., Gallino, S., Moreno, A. Offline Showrooms in Omnichannel Retail: Demand and Operational Benefits [J]. Management Science, 2018, 64 (4): 1629 -1651.

[52] Benoit, S., Bilstein, N., Hogreve, J., Sichtmann, C. Explaining Social Exchanges in Information-Based Online Communities (Ibocs) [J]. Journal of Service Management, 2016, 27 (4): 460 -480.

[53] Berry, L. L., Bolton, R. N., Bridges, C. H., Meyer, J., Parasuraman, A., Seiders, K. Opportunities for Innovation in the Delivery of Interactive Retail Services [J]. Journal of Interactive Marketing, 2010, 24 (2): 155 -167.

[54] Bitner, M. J., Booms, B. H., Tetreault, M. S. The Service Encoun-

ter: Diagnosing Favorable and Unfavorable Incidents [J]. Journal of Marketing, 1990, 54 (1): 71 -84.

[55] Black, N., Lockett, A., Ennew, C., Winklhofer, H., McKechnie, S. Modelling Consumer Choice of Distribution Channels: An Illustration from Financial Services [J]. International Journal of Bank Marketing, 2002, 20 (4): 161 -173.

[56] Blake, B. F., Neuendorf, K. A., Valdiserri, C. M. Innovativeness and Variety of Internet Shopping [J]. Internet Research, 2003, 13 (3): 156 -169.

[57] Blal, I., Sturman, M. C. The Differential Effects of the Quality and Quantity of Online Reviews on Hotel Room Sales [J]. Cornell Hospitality Quarterly, 2014, 55 (4): 365 -375.

[58] Blom, A., Lange, F., Hess Jr, R. L. Omnichannel-Based Promotions' Effects on Purchase Behavior and Brand Image [J]. Journal of Retailing and Consumer Services, 2017, 39: 286 -295.

[59] Brynjolfsson, E., Hu, Y. J., Rahman, M. S. Competing in the Age of Omnichannel Retailing [J]. MIT Sloan management Review, 2013, 54 (4): 23 -29.

[60] Cao, J., So, K. C., Yin, S. Impact of an "Online-to-Store" Channel on Demand Allocation, Pricing and Profitability [J]. European Journal of Operational Research, 2015, 248 (1): 234 -245.

[61] Cao, Q., Duan, W., Gan, Q. Exploring Determinants of Voting for the "Helpfulness" of Online User Reviews: A Text Mining Approach [J]. Decision Support Systems, 2011, 50 (2): 511 -521.

[62] Carver, C. S. Optimism [J]. Clinical Psychology Review, 2010, 30 (7): 879 -889.

[63] Chang, H. H., Chuang, S. -S. Social Capital and Individual Motivations on Knowledge Sharing: Participant Involvement as a Moderator [J]. Information & Management, 2011, 48 (1): 9 -18.

[64] Chatterjee, P. Online Reviews: Do Consumers Use Them? [J]. Advances in Consumer Research, 2001, 28 (1): 129 - 134.

[65] Chen, C., Leydesdorff, L. Patterns of Connections and Movements in Dual-Map Overlays: A New Method of Publication Portfolio Analysis [J]. Journal of the Association for Information Science and Technology, 2014, 65 (2): 334 - 351.

[66] Chen, C. T. Extensions of the Topsis for Group Decision-Making under Fuzzy Environment [J]. Fuzzy Sets and Systems, 2000, 114 (1): 1 - 9.

[67] Chen, C. W., Cheng, C. Y. How Online and Offline Behavior Processes Affect Each Other: Customer Behavior in a Cyber-Enhanced Bookstore [J]. Quality and Quantity, 2013, 47 (5): 2539 - 2555.

[68] Chen, M. C., Chang, K. C., Hsu, C. L., Yang, I. C. Understanding the Relationship between Service Convenience and Customer Satisfaction in Home Delivery by Kano Model [J]. Asia Pacific Journal of Marketing and Logistics, 2011, 23 (3): 386 - 410.

[69] Chen, W., Liu, W., Li, Y. An Empirical Study of Innate Consumer Innovativeness, Personal Characteristics and New-Product Adoption Behavior [J]. Management Review, 2010, 31 (1): 61 - 73.

[70] Chen, Y. Improving Market Performance in the Digital Economy [J]. China Economic Review, 2020, 62 (4): 101482.

[71] Chen, Y., Iyer, G., Padmanabhan, V. Referral Infomediaries [J]. Marketing Science, 2002, 21 (4): 412 - 434.

[72] Chen, Y., Xie, J. Third-Party Product Review and Firm Marketing Strategy [J]. Marketing Science, 2005, 24 (2): 218 - 240.

[73] Chen, Y., Yao, J. Referral Service of Infomediary in B2C Supply Chain [J]. International Journal of Networking and Virtual Organisations, 2012, 10 (3/4): 414 - 426.

[74] Chen, Y., Zhang, W., Yang, S., Wang, Z., Chen, S. Referral Service and Customer Incentive in Online Retail Supply Chain [J]. Journal of Ap-

plied Research and Technology, 2014, 12 (4): 261 – 269.

[75] Cheung, C. M. K., Lee, M. K. O. What Drives Consumers to Spread Electronic Word of Mouth in Online Consumer-Opinion Platforms [J]. Decision Support Systems, 2012, 53 (1): 218 – 225.

[76] Cheung, C. M. K., Thadani, D. R. The Impact of Electronic Word-of-Mouth Communication: A Literature Analysis and Integrative Model [J]. Decision Support Systems, 2012, 54 (1): 461 – 470.

[77] Cho, S. H., Tang, C. S. Advance Selling in a Supply Chain under Uncertain Supply and Demand [J]. Manufacturing & Service Operations Management, 2013, 15 (2): 305 – 319.

[78] Chong, A. Y. L. A Two-Staged Sem-Neural Network Approach for Understanding and Predicting the Determinants of M-Commerce Adoption [J]. Expert Systems with Applications, 2013, 40 (4): 1240 – 1247.

[79] Chopra, S. How Omni-Channel Can Be the Future of Retailing [J]. Decision, 2016, 43 (2): 135 – 144.

[80] Chua, A. Y. K., Banerjee, S. Understanding Review Helpfulness as a Function of Reviewer Reputation, Review Rating, and Review Depth [J]. Journal of the Association for Information Science and Technology, 2015, 66 (2): 354 – 362.

[81] Chua, A. Y. K., Banerjee, S. Helpfulness of User-Generated Reviews as a Function of Review Sentiment, Product Type and Information Quality [J]. Computers in Human Behavior, 2016, 54: 547 – 554.

[82] Collier, J. E., Moore, R. S., Horky, A., Moore, M. L. Why the Little Things Matter: Exploring Situational Influences on Customers' Self-Service Technology Decisions [J]. Journal of Business Research, 2015, 68 (3): 703 – 710.

[83] Connelly, B. L., Certo, S. T., Ireland, R. D., Reutzel, C. R. Signaling Theory: A Review and Assessment [J]. Journal of Management, 2011, 37 (1): 39 – 67.

[84] Cox, D. F., Bauer, R. A. Self-Confidence and Persuasibility in Women

[J]. Public Opinion Quarterly, 1964, 28 (3): 453-466.

[85] Coyle, J. R., Thorson, E. The Effects of Progressive Levels of Interactivity and Vividness in Web Marketing Sites [J]. Journal of Advertising, 2001, 30 (3): 65-77.

[86] Craig, C. S., Greene, W. H., Versaci, A. E-Word of Mouth: Early Predictor of Audience Engagement [J]. Journal of Advertising Research, 2015, 55 (1): 62-72.

[87] Crespo, Á. H., Bosque, I. R. D. The Effect of Innovativeness on the Adoption of B2C E-Commerce: A Model Based on the Theory of Planned Behaviour [J]. Computers in Human Behavior, 2008, 24 (6): 2830-2847.

[88] Dabholkar, P. A., Thorpe, D. I., Rentz, J. O. A Measure of Service Quality for Retail Stores: Scale Development and Validation [J]. Journal of the Academy of Marketing Science, 1996, 24 (1): 3-16.

[89] Daft, R. L., Lengel, R. H. Organizational Information Requirements, Media Richness and Structural Design [J]. Management Science, 1986, 32 (5): 554-571.

[90] Davidson, P., Spinoulas, A. Autonomous Vehicles: What Could This Mean for the Future of Transport? [A]. Australian Institute of Traffic Planning and Management (AITPM) National Traffic and Transport Conference [C]. Brisbane, Australia: 2015.

[91] Davis, F. D. Perceived Usefulness, Perceived Ease of Use, and User Acceptance of Information Technology [J]. MIS Quarterly, 1989, 13 (3): 319-340.

[92] Dawes, J., Nenycz-Thiel, M. Comparing Retailer Purchase Patterns and Brand Metrics for in-Store and Online Grocery Purchasing [J]. Journal of Marketing Management, 2014, 30 (3-4): 364-382.

[93] Deleersnyder, B., Geyskens, I., Gielens, K., Dekimpe, M. G. How Cannibalistic Is the Internet Channel? A Study of the Newspaper Industry in the United Kingdom and the Netherlands [J]. International Journal of Research in

Marketing, 2002, 19 (4): 337 -348.

[94] Dellarocas, C. The Digitization of Word of Mouth: Promise and Challenges of Online Feedback Mechanisms [J]. Management Science, 2003, 49 (10): 1407 -1424.

[95] Dinçer, M. Z., Alrawadieh, Z. Negative Word of Mouse in the Hotel Industry: A Content Analysis of Online Reviews on Luxury Hotels in Jordan [J]. Journal of Hospitality Marketing & Management, 2017, 26 (8): 785 -804.

[96] Ding, Y., Yang, S., Chen, Y., Long, Q., Wei, J. Explaining and Predicting Mobile Government Microblogging Services Participation Behaviors: A Sem-Neural Network Method [J]. IEEE Access, 2019, 7: 39600 -39611.

[97] Dinner, I. M., Van Heerde, H. J., Neslin, S. A. Driving Online and Offline Sales: The Cross-Channel Effects of Traditional, Online Display, and Paid Search Advertising [J]. Journal of Marketing Research, 2014, 51 (5): 527 -545.

[98] Dowling, G. R., Staelin, R. A Model of Perceived Risk and Intended Risk-Handling Activity [J]. Journal of Consumer Research, 1994, 21 (1): 119 -134.

[99] Dziuban, C. D., Shirkey, E. C. When Is a Correlation Matrix Appropriate for Factor Analysis? Some Decision Rules [J]. Psychological Bulletin, 1974, 81 (6): 358.

[100] Eliaz, K., Spiegler, R. Consumer Optimism and Price Discrimination [J]. Theoretical Economics, 2008, 3 (4): 63 -68.

[101] Erkan, I., Evans, C. The Influence of Ewom in Social Media on Consumers' Purchase Intentions: An Extended Approach to Information Adoption [J]. Computers in Human Behavior, 2016, 61: 47 -55.

[102] Etgar, M. A Descriptive Model of the Consumer Co-Production Process [J]. Journal of the Academy of Marketing Science, 2008, 36 (1): 97 -108.

[103] Falk, T., Schepers, J., Hammerschmidt, M., Bauer, H. H. Identifying Cross-Channel Dissynergies for Multichannel Service Providers [J]. Journal

of Service Research, 2007, 10 (2): 143 –160.

[104] Fang, B., Ye, Q., Kucukusta, D., Law, R. Analysis of the Perceived Value of Online Tourism Reviews: Influence of Readability and Reviewer Characteristics [J]. Tourism Management, 2016, 52 (1): 498 –506.

[105] Fink, L., Rosenfeld, L., Ravid, G. Longer Online Reviews Are Not Necessarily Better [J]. International Journal of Information Management, 2018, 39: 30 –37.

[106] Fitzsimmons, J. A. Is Self-Service the Future of Services? [J]. Managing Service Quality: An International Journal, 2003, 13 (6): 443 –444.

[107] Fogg, B., Marshall, J., Laraki, O., Osipovich, A., Varma, C., Fang, N., Paul, J., Rangnekar, A., Shon, J., Swani, P., Treinen, M. What Makes Web Sites Credible? A Report on a Large Quantitative Study [A]. Proceedings of the CHI 2001 Conference on Human Factors in Computing Systems [C]. Seattle, Washington USA: Association for Computing Machinery, 2001.

[108] Forman, C., Ghose, A., Wiesenfeld, B. Examining the Relationship between Reviews and Sales: The Role of Reviewer Identity Disclosure in Electronic Markets [J]. Information Systems Research, 2008, 19 (3): 291 –313.

[109] Gallino, S., Moreno, A. Integration of Online and Offline Channels in Retail: The Impact of Sharing Reliable Inventory Availability Information [J]. Management Science, 2014, 60 (6): 1434 –1451.

[110] Gao, F., Su, X. Online and Offline Information for Omnichannel Retailing [J]. Manufacturing & Service Operations Management, 2017, 19 (1): 84 –98.

[111] Gehrt, K. C., Yan, R.-N. Situational, Consumer, and Retailer Factors Affecting Internet, Catalog, and Store Shopping [J]. International Journal of Retail & Distribution Management, 2004, 32 (1): 5 –18.

[112] Ghose, A., Ipeirotis, P. G. Estimating the Helpfulness and Economic Impact of Product Reviews: Mining Text and Reviewer Characteristics [J]. IEEE Transactions on Knowledge and Data Engineering, 2011, 23 (10): 1498 –1512.

[113] Ghose, A., Mukhopadhyay, T., Rajan, U. The Impact of Internet Referral Services on a Supply Chain [J]. Information Systems Research, 2007, 18 (3): 300-319.

[114] Ghoshal, A., Hao, J., Menon, S., Sarkar, S. Hiding Sensitive Information When Sharing Distributed Transactional Data [J]. Information Systems Research, 2020, 31 (2): 473-490.

[115] Gilbert, A. L., Han, H. Understanding Mobile Data Services Adoption: Demography, Attitudes or Needs? [J]. Technological Forecasting and Social Change, 2005, 72 (3): 327-337.

[116] Gilly, M. C., Graham, J. L., Wolfinbarger, M. F., Yale, L. J. A Dyadic Study of Interpersonal Information Search [J]. Journal of the Academy of Marketing Science, 1998, 26 (2): 83-100.

[117] Goldfarb, A., Tucker, C. Digital Economics [J]. Journal of Economic Literature, 2019, 57 (1): 3-43.

[118] Granados, N., Gupta, A., Kauffman, R. J. Online and Offline Demand and Price Elasticities: Evidence from the Air Travel Industry [J]. Information Systems Research, 2012, 23 (1): 164-181.

[119] Grover, V., Lim, J., Ayyagari, R. The Dark Side of Information and Market Efficiency in E-Markets [J]. Decision Sciences, 2006, 37 (3): 297-324.

[120] Gulati, R., Garino, J. Get the Right Mix of Bricks & Clicks [J]. Harvard Business Review, 2000, 78 (3): 107-114.

[121] Guo, B., Zhou, S. What Makes Population Perception of Review Helpfulness: An Information Processing Perspective [J]. Electronic Commerce Research, 2017, 17 (4): 585-608.

[122] Guo, Y., Barnes, S. J., Jia, Q. Mining Meaning from Online Ratings and Reviews: Tourist Satisfaction Analysis Using Latent Dirichlet Allocation [J]. Tourism Management, 2017, 59: 467-483.

[123] Gupta, P., Harris, J. How E-Wom Recommendations Influence

Product Consideration and Quality of Choice: A Motivation to Process Information Perspective [J]. Journal of Business Research, 2010, 63 (9): 1041 -1049.

[124] Hagel Ⅲ, J., Rayport, J. F. The New Infomediaries [J]. The McKinsey Quarterly, 1997, (4): 54 -70.

[125] Hair, J. F., Ringle, C. M., Sarstedt, M. Partial Least Squares: The Better Approach to Structural Equation Modeling? [J]. Long Range Planning, 2012, 45 (4 -5): 312 -319.

[126] Hamari, J., Sjöklint, M., Ukkonen, A. The Sharing Economy: Why People Participate in Collaborative Consumption [J]. Journal of the Association for Information Science and Technology, 2016, 67 (9): 2047 -2059.

[127] Harmon, R. R., Coney, K. A. The Persuasive Effects of Source Credibility in Buy and Lease Situations [J]. Journal of Marketing Research, 1982, 19 (2): 255 -260.

[128] Harrison, T., Waite, K. Impact of Co-Production on Consumer Perception of Empowerment [J]. Service Industries Journal, 2015, 35 (10): 502 -520.

[129] Hart, C. W., Heskett, J. L., Sasser, W. E., Jr. The Profitable Art of Service Recovery [J]. Harvard Business Review, 1990, 68 (4): 148 -156.

[130] Hennig-Thurau, T., Gwinner, K. P., Walsh, G., Gremler, D. D. Electronic Word-of-Mouth Via Consumer-Opinion Platforms: What Motivates Consumers to Articulate Themselves on the Internet? [J]. Journal of Interactive Marketing, 2004, 18 (1): 38 -52.

[131] Herrington, J. D., Capella, L. M. Shopper Reactions to Perceived Time Pressure [J]. International Journal of Retail & Distribution Management, 1995, 23 (12): 13 -20.

[132] Hoffman, D. L., Novak, T. P., Peralta, M. Building Consumer Trust Online [J]. Communications of the ACM, 1999, 42 (4): 80 -85.

[133] Hong, H., Xu, D., Wang, G. A., Fan, W. Understanding the

Determinants of Online Review Helpfulness: A Meta-Analytic Investigation [J]. Decision Support Systems, 2017, 102: 1－11.

[134] Hou, Z. P., Cui, F. S., Meng, Y. H., Lian, T. H., Yu, C. H. Opinion Mining from Online Travel Reviews: A Comparative Analysis of Chinese Major Otas Using Semantic Association Analysis [J]. Tourism Management, 2019, 74: 276－289.

[135] Hsiao, M.-H. Shopping Mode Choice: Physical Store Shopping Versus E-Shopping [J]. Transportation Research Part E: Logistics and Transportation Review, 2009, 45 (1): 86－95.

[136] Hu, N., Bose, I., Gao, Y., Liu, L. Manipulation in Digital Word-of-Mouth: A Reality Check for Book Reviews [J]. Decision Support Systems, 2011, 50 (3): 627－635.

[137] Huang, A. H., Chen, K., Yen, D. C., Tran, T. P. A Study of Factors That Contribute to Online Review Helpfulness [J]. Computers in Human Behavior, 2015, 48: 17－27.

[138] Huang, J.-S., Pan, S. L., Liu, J. Boundary Permeability and Online-Offline Hybrid Organization: A Case Study of Suning, China [J]. Information & Management, 2017, 54 (3): 304－316.

[139] Huang, L., Lu, X., Ba, S. An Empirical Study of the Cross-Channel Effects between Web and Mobile Shopping Channels [J]. Information & Management, 2016, 53 (2): 265－278.

[140] Huang, T., Van Mieghem, J. A. Clickstream Data and Inventory Management: Model and Empirical Analysis [J]. Production and Operations Management, 2014, 23 (3): 333－347.

[141] Hwang, C. L., Yoon, K. Multiple Attribute Decision Making [M]. Springer Berlin Heidelberg, 1981.

[142] Iyer, G., Pazgal, A. Internet Shopping Agents: Virtual Co-Location and Competition [J]. Marketing Science, 2003, 22 (1): 85－106.

[143] Jacoby, J. Information Load and Decision Quality: Some Contested Is-

sues [J]. Journal of Marketing Research, 1977, 14 (4): 569 -573.

[144] Jahanshahloo, G. R. , Hosseinzadeh Lotfi, F. , Davoodi, A. R. Extension of Topsis for Decision-Making Problems with Interval Data: Interval Efficiency [J]. Mathematical and Computer Modelling, 2009, 49 (5 -6): 1137 - 1142.

[145] Jarvenpaa, S. L. , Todd, P. A. Consumer Reactions to Electronic Shopping on the World Wide Web [J]. International Journal of Electronic Commerce, 1996, 1 (2): 59 -88.

[146] Jarvenpaa, S. L. , Tractinsky, N. , Saarinen, L. Consumer Trust in an Internet Store: A Cross-Cultural Validation [J]. Journal of Computer-Mediated Communication, 1999, 5 (2): 1 -35.

[147] Jensen, M. L. , Averbeck, J. M. , Zhang, Z. , Wright, K. B. Credibility of Anonymous Online Product Reviews: A Language Expectancy Perspective [J]. Journal of Management Information Systems, 2013, 30 (1): 293 -324.

[148] Jeong, E. , Jang, S. Restaurant Experiences Triggering Positive Electronic Word-of-Mouth (Ewom) Motivations [J]. International Journal of Hospitality Management, 2011, 30 (2): 356 -366.

[149] Jin, B. , Park, J. Y. , Jiyoung, K. Joint Influence of Online Store Attributes and Offline Operations on Performance of Multichannel Retailers [J]. Behaviour & Information Technology, 2010, 29 (1): 85 -96.

[150] Johnson, K. K. P. , Yoo, J. J. , Rhee, J. , Lennon, S. , Jasper, C. , Damhorst, M. L. Multi-Channel Shopping: Channel Use among Rural Consumers [J]. International Journal of Retail & Distribution Management, 2006, 34 (6): 453 -466.

[151] Jones, M. A. , Mothersbaugh, D. L. , Beatty, S. E. The Effects of Locational Convenience on Customer Repurchase Intentions across Service Types [J]. Journal of Services Marketing, 2003, 17 (7): 701 -712.

[152] Kaiser, H. F. , Rice, J. Little Jiffy, Mark IV [J]. Educational &

Psychological Measurement, 1974, 34 (1): 111 – 117.

[153] Kamin, C., Morton, D. A Financial Analysis of Different Scenarios for Using Autonomous Vehicles to Deliver Packages [A]. Transportation Research Board 94th Annual Meeting [C]. Washington DC, United States: 2015.

[154] Kannan, P. K., Li, H. Digital Marketing: A Framework, Review and Research Agenda [J]. International Journal of Research in Marketing, 2017, 34 (1): 22 – 45.

[155] Karaca, H. N., Akınlar, C. A Multi-Camera Vision System for Real-Time Tracking of Parcels Moving on a Conveyor Belt [J]. Lecture Notes in Computer Science, 2005, 3733: 708 – 717.

[156] Kassim, N. M., Abdullah, N. A. Customer Loyalty in E-Commerce Settings: An Empirical Study [J]. Electronic Markets, 2008, 18 (3): 275 – 290.

[157] Khammash, M., Griffiths, G. H. 'Arrivederci Ciao. Com, Buongiorno Bing. Com' —Electronic Word-of-Mouth (Ewom), Antecedences and Consequences [J]. International Journal of Information Management, 2011, 31 (1): 82 – 87.

[158] Kim, E., Drumwright, M. Engaging Consumers and Building Relationships in Social Media: How Social Relatedness Influences Intrinsic Vs. Extrinsic Consumer Motivation [J]. Computers in Human Behavior, 2016, 63 (3): 970 – 979.

[159] Kim, J., Park, J. A Consumer Shopping Channel Extension Model: Attitude Shift toward the Online Store [J]. Journal of Fashion Marketing and Management: An International Journal, 2005, 9 (1): 106 – 121.

[160] Kim, S., Kim, J., Badu-Baiden, F., Giroux, M., Choi, Y. Preference for Robot Service or Human Service in Hotels? Impacts of the Covid – 19 Pandemic [J]. International Journal of Hospitality Management, 2021, 93: 102795.

[161] Kollmann, T., Kuckertz, A., Kayser, I. Cannibalization or Syner-

gy? Consumers' Channel Selection in Online-Offline Multichannel Systems [J]. Journal of Retailing and Consumer Services, 2012, 19 (2): 186 – 194.

[162] Korfiatis, N., García-Bariocanal, E., Sánchez-Alonso, S. Evaluating Content Quality and Helpfulness of Online Product Reviews: The Interplay of Review Helpfulness Vs. Review Content [J]. Electronic Commerce Research and Applications, 2012, 11 (3): 205 – 217.

[163] Krishna, A., Dangayach, G. S., Jain, R. Service Recovery: Literature Review and Research Issues [J]. Journal of Service Science Research, 2011, 3 (1): 71 – 121.

[164] Krishnan, H., Kapuscinski, R., Butz, D. A. Coordinating Contracts for Decentralized Supply Chains with Retailer Promotional Effort [J]. Management Science, 2004, 50 (1): 48 – 63.

[165] Kundu, S., Datta, S. K. Impact of Trust on the Relationship of E-Service Quality and Customer Satisfaction [J]. EuroMed Journal of Business, 2015, 10 (1): 21 – 46.

[166] Kusumasondjaja, S., Shanka, T., Marchegiani, C. Credibility of Online Reviews and Initial Trust: The Roles of Reviewer's Identity and Review Valence [J]. Journal of Vacation Marketing, 2012, 18 (3): 185 – 195.

[167] Kwok, L., Xie, K. L. Factors Contributing to the Helpfulness of Online Hotel Reviews Does Manager Response Play a Role? [J]. International Journal of Contemporary Hospitality Management, 2016, 28 (10): 2156 – 2177.

[168] Kwon, W. -S., Lennon, S. J. What Induces Online Loyalty? Online Versus Offline Brand Images [J]. Journal of Business Research, 2009, 62 (5): 557 – 564.

[169] Lal, R., Sarvary, M. When and How Is the Internet Likely to Decrease Price Competition? [J]. Marketing Science, 1999, 18 (4): 485 – 503.

[170] Langeard, E., Bateson, J. E. G., Lovelock, C. H., Eiglier, P. Marketing of Services: New Insights from Consumers and Managers [M]. Cambridge, MA: Marketing Science Institute, 1981.

[171] Ledingham, J. A. Are Consumers Ready for the Information Age? [J]. Journal of Advertising Research, 1984, 24 (4): 31 -37.

[172] Lee, D., Park, J., Ahn, J. A Cross-Cultural Comparison of Internet Buying Behavior [J]. International Marketing Review, 2003, 20 (5): 534 -553.

[173] Lee, E. -J., Shin, S. Y. When Do Consumers Buy Online Product Reviews? Effects of Review Quality, Product Type, and Reviewer's Photo [J]. Computers in Human Behavior, 2014, 31: 356 -366.

[174] Lee, H. -H., Kim, J. Investigating Dimensionality of Multichannel Retailer's Cross-Channel Integration Practices and Effectiveness: Shopping Orientation and Loyalty Intention [J]. Journal of Marketing Channels, 2010, 17 (4): 281 -312.

[175] Lee, H. A., Law, R., Murphy, J. Helpful Reviewers in Tripadvisor, an Online Travel Community [J]. Journal of Travel & Tourism Marketing, 2011, 28 (7): 675 -688.

[176] Lee, H. G., Clark, T. H. Impacts of the Electronic Marketplace on Transaction Cost and Market Structure [J]. International Journal of Electronic Commerce, 1996, 1 (1): 127 -149.

[177] Lee, H. J., Lyu, J. Personal Values as Determinants of Intentions to Use Self-Service Technology in Retailing [J]. Computers in Human Behavior, 2016, 60: 322 -332.

[178] Lee, H. L., Whang, S. Winning the Last Mile of E-Commerce [J]. Sloan Management Review, 2001, 42 (4): 54 -62.

[179] Lee, J., Lee, J. N. Understanding the Product Information Inference Process in Electronic Word-of-Mouth: An Objectivity-Subjectivity Dichotomy Perspective [J]. Information & Management, 2009, 46 (5): 302 -311.

[180] Lee, M., Jeong, M., Lee, J. Roles of Negative Emotions in Customers' Perceived Helpfulness of Hotel Reviews on a User-Generated Review Website: A Text Mining Approach [J]. International Journal of Contemporary

Hospitality Management, 2017, 29 (2): 762 -783.

[181] Lee, P. J. , Hu, Y. H. , Lu, K. T. Assessing the Helpfulness of Online Hotel Reviews: A Classification-Based Approach [J]. Telematics and Informatics, 2018, 35 (2): 436 -445.

[182] Lee, S. H. , Noh, S. E. , Kim, H. W. A Mixed Methods Approach to Electronic Word-of-Mouth in the Open-Market Context [J]. International Journal of Information Management, 2013, 33 (4): 687 -696.

[183] Lee, S. , Choeh, J. Y. Predicting the Helpfulness of Online Reviews Using Multilayer Perceptron Neural Networks [J]. Expert Systems with Applications, 2014, 41 (6): 3041 -3046.

[184] Lee, Y. L. , Song, S. An Empirical Investigation of Electronic Word-of-Mouth: Informational Motive and Corporate Response Strategy [J]. Computers in Human Behavior, 2010, 26 (5): 1073 -1080.

[185] Legris, P. , Ingham, J. , Collerette, P. Why Do People Use Information Technology? A Critical Review of the Technology Acceptance Model [J]. Information & Management, 2003, 40 (3): 191 -204.

[186] Levin, A. M. , Levin, I. R. , Heath, C. E. Product Category Dependent Consumer Preferences for Online and Offline Shopping Features and Their Influence on Multi-Channel Retail Alliances [J]. Electronic Commerce Research and Applications, 2003, 4 (3): 85 -93.

[187] Li, Y. , Liu, H. , Lim, E. T. K. , Goh, J. M. , Yang, F. , Lee, M. K. O. Customer's Reaction to Cross-Channel Integration in Omnichannel Retailing: The Mediating Roles of Retailer Uncertainty, Identity Attractiveness, and Switching Costs [J]. Decision Support Systems, 2018, 109: 50 -60.

[188] Lin, Z. , Peng, M. W. , Yang, H. , Sun, S. L. How Do Networks and Learning Drive M&As? An Institutional Comparison between China and the United States [J]. Strategic Management Journal, 2009, 30 (10): 1113 -1132.

[189] Litvin, S. W. , Goldsmith, R. E. , Pan, B. Electronic Word-of-

Mouth in Hospitality and Tourism Management [J]. Tourism Management, 2008, 29 (3): 458 -468.

[190] Liu, F., Zhao, X., Chau, P. Y. K., Tang, Q. Roles of Perceived Value and Individual Differences in the Acceptance of Mobile Coupon Applications [J]. Internet Research, 2015, 25 (3): 471 -495.

[191] Liu, Y., Cheng, H. K., Tang, Q. C., Eryarsoy, E. Optimal Software Pricing in the Presence of Piracy and Word-of-Mouth Effect [J]. Decision Support Systems, 2011, 51 (1): 99 -107.

[192] Liu, Z., Park, S. What Makes a Useful Online Review? Implication for Travel Product Websites [J]. Tourism Management, 2015, 47 (2): 140 -151.

[193] Lovelock, C. H., Young, R. F. Look to Consumers to Increase Productivity [J]. Harvard Business Review, 1979, 57 (3): 168 -178.

[194] Lu, Q., Liu, N. Pricing Games of Mixed Conventional and E-Commerce Distribution Channels [J]. Computers & Industrial Engineering, 2013, 64 (1): 122 -132.

[195] Lu, Y., Cao, Y., Wang, B., Yang, S. A Study on Factors That Affect Users' Behavioral Intention to Transfer Usage from the Offline to the Online Channel [J]. Computers in Human Behavior, 2011, 27 (1): 355 -364.

[196] Lui, T. W., Bartosiak, M., Piccoli, G., Sadhya, V. Online Review Response Strategy and Its Effects on Competitive Performance [J]. Tourism Management, 2018, 67 (4): 180 -190.

[197] Luo, X. Quantifying the Long-Term Impact of Negative Word of Mouth on Cash Flows and Stock Prices [J]. Marketing Science, 2009, 28 (1): 148 -165.

[198] Lwin, M. O., Williams, J. D. A Model Integrating the Multidimensional Developmental Theory of Privacy and Theory of Planned Behavior to Examine Fabrication of Information Online [J]. Marketing Letters, 2003, 14 (4): 257 -272.

[199] Mackiewicz, J., Yeats, D. Product Review Users' Perceptions of Review Quality: The Role of Credibility, Informativeness, and Readability [J]. IEEE Transactions on Professional Communication, 2014, 57 (4): 309-324.

[200] Maity, M., Dass, M. Consumer Decision-Making across Modern and Traditional Channels: E-Commerce, M-Commerce, in-Store [J]. Decision Support Systems, 2014, 61: 34-46.

[201] Malik, M. S. I., Hussain, A. An Analysis of Review Content and Reviewer Variables That Contribute to Review Helpfulness [J]. Information Processing & Management, 2018, 54 (1): 88-104.

[202] Martin, K. D., Kim, J. J., Palmatier, R. W., Steinhoff, L., Stewart, D. W., Walker, B. A., Wang, Y., Weaven, S. K. Data Privacy in Retail [J]. Journal of Retailing, 2020, 96 (4).

[203] Martin, W. C., Lueg, J. E. Modeling Word-of-Mouth Usage [J]. Journal of Business Research, 2013, 66 (7): 801-808.

[204] Melis, K., Campo, K., Breugelmans, E., Lamey, L. The Impact of the Multi-Channel Retail Mix on Online Store Choice: Does Online Experience Matter? [J]. Journal of Retailing, 2015, 91 (2): 272-288.

[205] Mentzer, J. T., Flint, D. J., Kent, J. L. Developing a Logistics Service Quality Scale [J]. Journal of Business logistics, 1999, 20 (1): 9-32.

[206] Mentzer, J. T., Gomes, R., Krapfel, R. E. Physical Distribution Service: A Fundamental Marketing Concept [J]. Journal of the Academy of Marketing Science, 1989, 17 (1): 53-62.

[207] Mentzer, J. T., Williams, L. R. The Role of Logistics Leverage in Marketing Strategy [J]. Journal of Marketing Channels, 2001, 8 (3-4): 29-47.

[208] Meuter, M. L., Bitner, M. J., Ostrom, A. L., Brown, S. W. Choosing among Alternative Service Delivery Modes: An Investigation of Customer Trial of Self-Service Technologies [J]. Journal of Marketing, 2005, 69 (2): 61-83.

[209] Meuter, M. L., Ostrom, A. L., Roundtree, R. I., Bitner, M. J.

Self-Service Technologies: Understanding Customer Satisfaction with Technology-Based Service Encounters [J]. Journal of Marketing, 2000, 64 (3): 50-64.

[210] Micu, A., Micu, A. E., Geru, M., Lixandroiu, R. C. Analyzing User Sentiment in Social Media: Implications for Online Marketing Strategy [J]. Psychology & Marketing, 2017, 34 (12): 1094-1100.

[211] Mokhtarian, P. L. A Conceptual Analysis of the Transportation Impacts of B2C E-Commerce [J]. Transportation, 2004, 31 (3): 257-284.

[212] Montoya-Weiss, M. M., Voss, G. B., Grewal, D. Determinants of Online Channel Use and Overall Satisfaction with a Relational, Multichannel Service Provider [J]. Journal of the Academy of Marketing Science, 2003, 31 (4): 448-458.

[213] Morganti, E., Dablanc, L., Fortin, F. Final Deliveries for Online Shopping: The Deployment of Pickup Point Networks in Urban and Suburban Areas [J]. Research in Transportation Business & Management, 2014, 11: 23-31.

[214] Mosteller, J., Donthu, N., Eroglu, S. The Fluent Online Shopping Experience [J]. Journal of Business Research, 2014, 67 (11): 2486-2493.

[215] Mudambi, S. M., Schuff, D. What Makes a Helpful Online Review? A Study of Customer Reviews on Amazon. Com [J]. MIS Quarterly, 2010, 34 (1): 185-200.

[216] Mwalili, S. M., Lesaffre, E., Declerck, D. The Zero-Inflated Negative Binomial Regression Model with Correction for Misclassification: An Example in Caries Research [J]. Statistical Methods in Medical Research, 2008, 17 (2): 123-139.

[217] Neslin, S. A., Shankar, V. Key Issues in Multichannel Customer Management: Current Knowledge and Future Directions [J]. Journal of Interactive Marketing, 2009, 23 (1): 70-81.

[218] Ngo-Ye, T. L., Sinha, A. P. The Influence of Reviewer Engagement Characteristics on Online Review Helpfulness: A Text Regression Model [J]. Decision Support Systems, 2014, 61: 47-58.

[219] Nguyen, V. T., Dupuy, J. F. Asymptotic Results in Censored Zero-Inflated Poisson Regression [J]. Communications in Statistics—Theory and Methods, 2019: 1-21.

[220] Nunnally, J. C., Bernstein, I. Psychometric Theory [M]. McGraw-Hill New York, NY, 1994.

[221] Ong, T., Mannino, M., Gregg, D. Linguistic Characteristics of Shill Reviews [J]. Electronic Commerce Research and Applications, 2014, 13 (2): 69-78.

[222] Pan, Y., Zhang, J. Q. Born Unequal: A Study of the Helpfulness of User-Generated Product Reviews [J]. Journal of Retailing, 2011, 87 (4): 598-612.

[223] Parasuraman, A. Technology Readiness Index (Tri): A Multiple-Item Scale to Measure Readiness to Embrace New Technologies [J]. Journal of Service Research, 2000, 2 (4): 307-320.

[224] Parasuraman, A., Colby, C. L. An Updated and Streamlined Technology Readiness Index: Tri 2.0 [J]. Journal of Service Research, 2015, 18 (1): 59-74.

[225] Parasuraman, A., Zeithaml, V. A., Berry, L. L. 'Servqual: A Multiple-Item Scale for Measuring Consumer Perceptions of Service Quality' [J]. Journal of Retailing, 1988, 64 (1): 12-40.

[226] Park, C., Lee, T. M. Information Direction, Website Reputation and Ewom Effect: A Moderating Role of Product Type [J]. Journal of Business Research, 2009, 62 (1): 61-67.

[227] Pavlou, P. A., Fygenson, M. Understanding and Predicting Electronic Commerce Adoption: An Extension of the Theory of Planned Behavior [J]. MIS Quarterly, 2006, 30 (1): 115-143.

[228] Phang, C. W., Tan, C.-H., Sutanto, J., Magagna, F., Lu, X. Leveraging O2O Commerce for Product Promotion: An Empirical Investigation in Mainland China [J]. IEEE Transactions on Engineering Management, 2014, 61

(4): 623 –632.

[229] Phuc, P. N. K., Yu, V. F., Chou, S. -Y. Manufacturing Production Plan Optimization in Three-Stage Supply Chains under Bass Model Market Effects [J]. Computers & Industrial Engineering, 2013, 65 (3): 509 –516.

[230] Picot-Coupey, K., Huré, E., Piveteau, L. Channel Design to Enrich Customers' Shopping Experiences [J]. International Journal of Retail & Distribution Management, 2016, 44 (3): 336 –368.

[231] Pietro, L. D., Mugion, R. G., Mattia, G., Renzi, M. F., Toni, M. The Integrated Model on Mobile Payment Acceptance (Immpa): An Empirical Application to Public Transport [J]. Transportation Research Part C, 2015, 56: 463 –479.

[232] Posselt, T., Gerstner, E. Pre-Sale Vs. Post-Sale E-Satisfaction: Impact on Repurchase Intention and Overall Satisfaction [J]. Journal of Interactive Marketing, 2005, 19 (4): 35 –47.

[233] Qazi, A., Shah Syed, K. B., Raj, R. G., Cambria, E., Tahir, M., Alghazzawi, D. A Concept-Level Approach to the Analysis of Online Review Helpfulness [J]. Computers in Human Behavior, 2016, 58: 75 –81.

[234] Racherla, P., Friske, W. Perceived 'Usefulness' of Online Consumer Reviews: An Exploratory Investigation across Three Services Categories [J]. Electronic Commerce Research and Applications, 2012, 11 (6): 548 –559.

[235] Rafiq, M., Jaafar, H. S. Measuring Customers' Perceptions of Logistics Service Quality of 3pl Service Providers [J]. Journal of Business Logistics, 2007, 28 (2): 159 –175.

[236] Ren, G., Hong, T. Examining the Relationship between Specific Negative Emotions and the Perceived Helpfulness of Online Reviews [J]. Information Processing & Management, 2019, 56 (4): 1425 –1438.

[237] Rigby, D. The Future of Shopping [J]. Harvard Business Review, 2011, 89 (12): 64 –75.

[238] Rodríguez-Torrico, P., San José Cabezudo, R., San-Martín, S.

Tell Me What They Are Like and I Will Tell You Where They Buy. An Analysis of Omnichannel Consumer Behavior [J]. Computers in Human Behavior, 2017, 68: 465 -471.

[239] Rowley, J. An Analysis of the E-Service Literature: Towards a Research Agenda [J]. Internet Research, 2006, 16 (3): 339 -359.

[240] Safari, M., Kakaei, R., Ataei, M., Karamoozian, M. Using Fuzzy Topsis Method for Mineral Processing Plant Site Selection [J]. Arabian Journal of Geosciences, 2012, 5 (5): 1011 -1019.

[241] Salehan, M., Kim, D. J. Predicting the Performance of Online Consumer Reviews: A Sentiment Mining Approach to Big Data Analytics [J]. Decision Support Systems, 2016, 81: 30 -40.

[242] Sarkar, M. B., Butler, B., Steinfield, C. Intermediaries and Cybermediaries: A Continuing Role for Mediating Players in the Electronic Marketplace [J]. Journal of Computer-Mediated Communication, 1995, 1 (3): 1 -14.

[243] Schlosser, A. E. Can Including Pros and Cons Increase the Helpfulness and Persuasiveness of Online Reviews? The Interactive Effects of Ratings and Arguments [J]. Journal of Consumer Psychology, 2011, 21 (3): 226 -239.

[244] Schoenbachler, D. D., Gordon, G. L. Multi-Channel Shopping: Understanding What Drives Channel Choice [J]. Journal of Consumer Marketing, 2002, 19 (1): 42 -53.

[245] Seçme, N. Y., Bayrakdaroğlu, A., Kahraman, C. Fuzzy Performance Evaluation in Turkish Banking Sector Using Analytic Hierarchy Process and Topsis [J]. Expert Systems with Applications, 2009, 36 (9): 11699 -11709.

[246] Shanian, A., Savadogo, O. Topsis Multiple-Criteria Decision Support Analysis for Material Selection of Metallic Bipolar Plates for Polymer Electrolyte Fuel Cell [J]. Journal of Power Sources, 2006, 159 (2): 1095 -1104.

[247] Sharma, G., Lijuan, W., Thomsett-Scott, B. The Effects of Online Service Quality of E-Commerce Websites on User Satisfaction [J]. The Electronic Library, 2015, 33 (3): 468 -485.

[248] Shen, X. L., Li, Y. J., Sun, Y., Wang, N. Channel Integration Quality, Perceived Fluency and Omnichannel Service Usage: The Moderating Roles of Internal and External Usage Experience [J]. Decision Support Systems, 2018, 109: 61 - 73.

[249] Shin, D. H., Biocca, F. Explicating User Behavior toward Multi-Screen Adoption and Diffusion: User Experience in the Multi-Screen Media Ecology [J]. Internet Research, 2017, 27 (2): 338 - 361.

[250] Siering, M., Muntermann, J., Rajagopalan, B. Explaining and Predicting Online Review Helpfulness: The Role of Content and Reviewer-Related Signals [J]. Decision Support Systems, 2018, 108: 1 - 12.

[251] Son, J. Y., Kim, S. S., Riggins, F. J. Consumer Adoption of Net-Enabled Infomediaries: Theoretical Explanations and an Empirical Test [J]. Journal of the Association for Information Systems, 2006, 7 (7): 473 - 508.

[252] Spence, M. Market Signaling: Informational Transfer in Hiring and Related Screening Process [M]. Cambridge, MA: Harvard University Press, 1974.

[253] Signaling in Retrospect and the Informational Structure of Markets [J]. American Economic Review, 2002, 92 (3): 434 - 459.

[254] Spreng Richard, A., Harrell Gilbert, D., Mackoy Robert, D. Service Recovery: Impact on Satisfaction and Intentions [J]. Journal of Services Marketing, 1995, 9 (1): 15 - 23.

[255] Strombeck, S. D., Wakefield, K. L. Situational Influences on Service Quality Evaluations [J]. Journal of Services Marketing, 2008, 22 (5): 409 - 419.

[256] Summak, M. S., Bağlıbel, M., Samancıoğlu, M. Technology Readiness of Primary School Teachers: A Case Study in Turkey [J]. Procedia-Social and Behavioral Sciences, 2010, 2 (2): 2671 - 2675.

[257] Tam, C., Oliveira, T. Understanding Mobile Banking Individual Performance: The Delone & Mclean Model and the Moderating Effects of Individual Culture [J]. Internet Research, 2017, 27 (3): 538 - 562.

[258] Tan, G. W. H., Ooi, K. B., Leong, L. Y., Lin, B. Predicting the Drivers of Behavioral Intention to Use Mobile Learning: A Hybrid Sem-Neural Networks Approach [J]. Computers in Human Behavior, 2014, 36: 198-213.

[259] Thakur, R., Srivastava, M. A Study on the Impact of Consumer Risk Perception and Innovativeness on Online Shopping in India [J]. International Journal of Retail & Distribution Management, 2015, 43 (2): 148-166.

[260] Troye, S. V., Supphellen, M. Consumer Participation in Coproduction: "I Made It Myself" Effects on Consumers' Sensory Perceptions and Evaluations of Outcome and Input Product [J]. Journal of Marketing, 2013, 521 (76): 33-46.

[261] Trusov, M., Bucklin, R. E., Pauwels, K. Effects of Word-of-Mouth Versus Traditional Marketing: Findings from an Internet Social Networking Site [J]. Journal of Marketing, 2009, 73 (5): 90-102.

[262] Tsaur, S. H., Huang, C. C., Luoh, H. F. Do Travel Product Types Matter? Online Review Direction and Persuasiveness [J]. Journal of Travel & Tourism Marketing, 2014, 31 (7): 884-898.

[263] Tsay, A. A., Agrawal, N. Channel Conflict and Coordination in the E-Commerce Age [J]. Production and Operations Management, 2004, 13 (1): 93-110.

[264] Turban, E., King, D., Viehland, D., Lee, J. 电子商务：管理视角（原书第4版）[M]. 严建援等，译. 北京：机械工业出版社，2007.

[265] Uhl, M. W. Explaining U. S. Consumer Behavior with News Sentiment [J]. ACM Transactions on Management Information Systems, 2011, 2 (2): 1-18.

[266] Urbach, N., Ahlemann, F. Structural Equation Modeling in Information Systems Research Using Partial Least Squares [J]. Journal of Information Technology Theory and Application, 2010, 11 (2): 5-39.

[267] Vahdani, B., Mousavi, S. M., Tavakkoli-Moghaddam, R. Group Decision Making Based on Novel Fuzzy Modified Topsis Method [J]. Applied

Mathematical Modelling, 2011, 35 (9): 4257 – 4269.

[268] Van De Belt, T., Engelen, L. J., Verhoef, L. M., Mj, V. D. W., Schoonhoven, L., Kool, R. B. Using Patient Experiences on Dutch Social Media to Supervise Health Care Services: Exploratory Study [J]. Journal of Medical Internet Research, 2015, 17 (1): 1 – 8.

[269] Vargo, S. L., Lusch, R. F. Evolving to a New Dominant Logic for Marketing [J]. Journal of Marketing, 2004, 68 (1): 1 – 17.

[270] Verhoef, P. C., Kannan, P. K., Inman, J. J. From Multi-Channel Retailing to Omni-Channel Retailing: Introduction to the Special Issue on Multi-Channel Retailing [J]. Journal of Retailing, 2015, 91 (2): 174 – 181.

[271] Vermeulen, I. E., Seegers, D. Tried and Tested: The Impact of Online Hotel Reviews on Consumer Consideration [J]. Tourism Management, 2009, 30 (1): 123 – 127.

[272] Viswanathan, S., Kuruzovich, J., Gosain, S., Agarwal, R. Online Infomediaries and Price Discrimination: Evidence from the Automotive Retailing Sector [J]. Journal of Marketing, 2007, 71 (3): 89 – 107.

[273] Wallin Andreassen, T. Antecedents to Satisfaction with Service Recovery [J]. European Journal of Marketing, 2000, 34 (1/2): 156 – 175.

[274] Wang, Y., Chan, S. C. F., Leong, H. V., Ngai, G., Au, N. Multi-Dimension Reviewer Credibility Quantification across Diverse Travel Communities [J]. Knowledge and Information Systems, 2016, 49 (3): 1071 – 1096.

[275] Wang, Y., Lu, X., Tan, Y. Impact of Product Attributes on Customer Satisfaction: An Analysis of Online Reviews for Washing Machines [J]. Electronic Commerce Research and Applications, 2018, 29 (3): 1 – 11.

[276] Wang, Y. S., Liao, Y. W. The Conceptualization and Measurement of M-Commerce User Satisfaction [J]. Computers in Human Behavior, 2007, 23 (1): 381 – 398.

[277] Weathers, D., Swain, S. D., Grover, V. Can Online Product Reviews Be More Helpful? Examining Characteristics of Information Content by Product

Type [J]. Decision Support Systems, 2015, 79: 12 -23.

[278] Webb, K. L., Lambe, C. J. Internal Multi-Channel Conflict: An Exploratory Investigation and Conceptual Framework [J]. Industrial Marketing Management, 2007, 36 (1): 29 -43.

[279] Whitaker, G. P. Coproduction: Citizen Participation in Service Delivery [J]. Public Administration Review, 1980, 40 (3): 240 -246.

[280] Xiang, L., Zheng, X., Zhang Kem, Z. K., Lee Matthew, K. O. Understanding Consumers' Continuance Intention to Contribute Online Reviews [J]. Industrial Management & Data Systems, 2018, 118 (1): 22 -40.

[281] Xie, K. L., So, K. K. F., Wang, W. Joint Effects of Management Responses and Online Reviews on Hotel Financial Performance: A Data-Analytics Approach [J]. International Journal of Hospitality Management, 2017, 62: 101 -110.

[282] Xie, K. L., Zhang, Z., Zhang, Z. The Business Value of Online Consumer Reviews and Management Response to Hotel Performance [J]. International Journal of Hospitality Management, 2014, 43: 1 -12.

[283] Xu, J. J., Hong, L. Impact Factors of Choosing Willingness for Picking up Service [J]. Research Journal of Applied Sciences Engineering & Technology, 2013, 6 (14): 2509 -2513.

[284] Yan, X., Liu, K. Optimal Control Problems for a New Product with Word-of-Mouth [J]. International Journal of Production Economics, 2009, 119 (2): 402 -414.

[285] Yang, C. C., Chung, A. Intelligent Infomediary for Web Financial Information [J]. Decision Support Systems, 2004, 38 (1): 65 -80.

[286] Yang, S. -B., Shin, S. -H., Joun, Y., Koo, C. Exploring the Comparative Importance of Online Hotel Reviews' Heuristic Attributes in Review Helpfulness: A Conjoint Analysis Approach [J]. Journal of Travel & Tourism Marketing, 2017, 34 (7): 963 -985.

[287] Yang, S., Chen, Y., Wei, J. Understanding Consumers' Web-Mo-

bile Shopping Extension Behavior: A Trust Transfer Perspective [J]. Journal of Computer Information Systems, 2015, 55 (2): 78 – 87.

[288] Yang, S., Lu, Y., Chau, P. Y. Why Do Consumers Adopt Online Channel? An Empirical Investigation of Two Channel Extension Mechanisms [J]. Decision Support Systems, 2013, 54 (2): 858 – 869.

[289] Yang, S., Zhou, Y., Yao, J., Chen, Y., Wei, J. Understanding Online Review Helpfulness in Omnichannel Retailing [J]. Industrial Management & Data Systems, 2019, 119 (8): 1565 – 1580.

[290] Ye, Q., Law, R., Gu, B., Chen, W. The Influence of User-Generated Content on Traveler Behavior: An Empirical Investigation on the Effects of E-Word-of-Mouth to Hotel Online Bookings [J]. Computers in Human Behavior, 2011, 27 (2): 634 – 639.

[291] Ye, Q., Li, H., Wang, Z., Law, R. The Influence of Hotel Price on Perceived Service Quality and Value in E-Tourism: An Empirical Investigation Based on Online Traveler Reviews [J]. Journal of Hospitality & Tourism Research, 2014, 38 (1): 23 – 39.

[292] Yin, D., Bond, S. D., Zhang, H. Anxious or Angry? Effects of Discrete Emotions on the Perceived Helpfulness of Online Reviews [J]. MIS Quarterly, 2014, 38 (2): 539 – 560.

[293] Youn, H. B., Park, M., Choo, S. Segmentation of Electronic Commerce Delivery Service Based on a Stated Preference Survey [J]. Journal of International Logistics & Trade, 2014, 12: 81 – 95.

[294] Yurdakul, M., Īç, Y. T. Analysis of the Benefit Generated by Using Fuzzy Numbers in a Topsis Model Developed for Machine Tool Selection Problems [J]. Journal of Materials Processing Technology, 2009, 209 (1): 310 – 317.

[295] Zadeh, L. A. The Concept of a Linguistic Variable and Its Application to Approximate Reasoning [J]. Information Sciences, 1975, 8 (4): 301 – 357.

[296] Zaidi, M. F. A., Othman, S. N., Abu, N. H. Technology Readiness for the System of Rice Intensification (Sri) [J]. International Journal of Ac-

ademic Research in Business & Social Sciences, 2016, 6 (1): 143 - 153.

[297] Zeithaml, V. A., Parasuraman, A., Malhotra, A. Service Quality Delivery through Web Sites: A Critical Review of Extant Knowledge [J]. Journal of the Academy of Marketing Science, 2002, 30 (4): 362 - 375.

[298] Zhang, H., Xiao, J. Y. Assimilation of Social Media in Local Government: An Examination of Key Drivers [J]. The Electronic Library, 2017, 35 (3): 427 - 444.

[299] Zhang, J., Farris, P. W., Irvin, J. W., Kushwaha, T., Steenburgh, T. J., Weitz, B. A. Crafting Integrated Multichannel Retailing Strategies [J]. Journal of Interactive Marketing, 2010a, 24 (2): 168 - 180.

[300] Zhang, M., Ren, C., Wang, G. A., He, Z. The Impact of Channel Integration on Consumer Responses in Omni-Channel Retailing: The Mediating Effect of Consumer Empowerment [J]. Electronic Commerce Research and Applications, 2018, 28: 181 - 193.

[301] Zhang, Z., Ye, Q., Law, R., Li, Y. The Impact of E-Word-of-Mouth on the Online Popularity of Restaurants: A Comparison of Consumer Reviews and Editor Reviews [J]. International Journal of Hospitality Management, 2010b, 29 (4): 694 - 700.

[302] Zhao, K., Stylianou, A. C., Zheng, Y. Sources and Impacts of Social Influence from Online Anonymous User Reviews [J]. Information & Management, 2018, 55 (1): 16 - 30.

[303] Zhou, S., Guo, B. The Order Effect on Online Review Helpfulness: A Social Influence Perspective [J]. Decision Support Systems, 2017, 93: 77 - 87.

[304] Zhu, D. H., Ye, Z. Q., Chang, Y. P. Understanding the Textual Content of Online Customer Reviews in B2C Websites: A Cross-Cultural Comparison between the U. S. And China [J]. Computers in Human Behavior, 2017, 76: 483 - 493.

[305] Zhu, L., Yin, G., He, W. Is This Opinion Leader's Review Use-

ful? Peripheral Cues for Online Review Helpfulness [J]. Journal of Electronic Commerce Research, 2014, 15: 267-280.

[306] Zhu, Z., Nakata, C., Sivakumar, K., Grewal, D. Self-Service Technology Effectiveness: The Role of Design Features and Individual Traits [J]. Journal of the Academy of Marketing Science, 2007, 35 (4): 492-506.

[307] Ziegele, M., Weber, M. Example, Please! Comparing the Effects of Single Customer Reviews and Aggregate Review Scores on Online Shoppers' Product Evaluations [J]. Journal of Consumer Behaviour, 2015, 14 (2): 103-114.

后　　记

大数据、人工智能、5G移动通信、云计算、物联网（简称为“大智移云物”）等新兴信息技术正在成为经济转型升级和高质量发展的重要引擎，数字经济的浪潮席卷了各行各业以及社会生活的方方面面。数字产业化和产业数字化在经济总量中扮演的角色愈加重要。在国家、地区、企业以及消费者等不同层面上，数字经济带来了信息搜索成本、复制成本、运输成本、追踪成本以及信息验证等经济成本的降低（Chen，2020；Goldfarb and Tucker，2019），推动了经济模式的不断变革以及商业模式的持续创新。而且数字经济特有的颠覆性创新、平台模式、网络效应、创新扩散以及生态系统等特征（孙国强和李腾，2021；谢康等，2021），使得数字经济和传统经济的发展竞速变成了汽车和牛车的角力。

将目光聚焦在零售行业，可以发现这一行业既包括非常传统的零售业态，如便利店、连锁超市、大型商场等，也包括了非常时尚的网络零售、直播带货、无人超市等新业态。零售业的信息技术应用水平是参差不齐的，数字产业化和产业数字化两个部分同时发力的空间都很大。所以，数字化、智能化的新零售模式是数字零售产业化和传统零售数字化的共同选择。根据国家统计局数据显示，中国2016～2020近五年来社会消费品零售总额分别为31.6万亿元、34.7万亿元、37.8万亿元、40.8万亿元以及39.2万亿元[①]。五年当中，只有2020年因为疫情原因社会消费品零售总额出现了小幅回落，其他年份中社会消费品需求持续向上的动力强劲，增长明显。在党中央“以国内

① 资料来源：国家统计局．社会消费品零售总额统计．https：//data. stats. gov. cn/easyquery. htm？cn＝C01.

大循环为主体、国内国际双循环相互促进的新发展格局”战略部署下，完整的内需拉动和市场流通体系是双循环的重要支撑。可以说，零售业任重而道远，而零售业自身的转型升级和创新发展是必然要求，新零售无疑就是完成这一重大任务的解决方案和实践路径。

当然，我们在本书中仅仅讨论了消费者的跨渠道行为、网络口碑的影响效应以及新零售渠道管理等问题，难以概括新零售模式中的方方面面。“大智移云物”等信息技术持续推动着零售商业模式的不断进化，新实践、新问题层出不穷。可以发现，在新零售企业实际运营中，无接触的机器人服务得到了大量应用，给顾客带来了不一样的服务体验。但是，在服务失败的情形下，顾客会将这一责任归罪于机器人还是企业呢？一些研究指出，顾客往往认为服务失败是企业的责任而非一线的机器人；同时，顾客也期待人类员工在提供了糟糕的服务后能迅速弥补和尽快改进，但是顾客对于机器人却没有太多的期望（Belanche et al.，2020；Kim et al.，2021）。此外，新零售还引发了大量的顾客信息安全和隐私保护问题。当线上消费者数据被无限制滥用时，线下各种智能终端未经许可就肆意收集和存储消费者人脸信息、运动信息等，数据合规使用与消费者隐私保护在新零售模式下显得尤为重要（Ghoshal et al.，2020；Martin et al.，2020；周雨薇和吕巍，2021）。

因此，新零售领域的研究还是一片蓝海。商业模式的快速迭代和创新实践的层出不穷，使得新零售理论研究相对滞后，需要不同领域的学者、通过不同的视角、采取多样化的研究方法来探索新零售的奥秘。

道阻且长，行则将至，与新零售研究同行者共勉！

陈远高

2021 年 6 月